Les religions

Données de catalogage avant publication (Canada)

Pérusse, Denise, 1959-

    Les religions

    ISBN 2-7640-0140-1

    1. Religions. 2. Sectes chrétiennes. 3. Christianisme. 4. Judaïsme. I. Marcil, Claude, 1945-   II. Titre.

BL80.2.P47 1997   291   C97-940167-4

LES ÉDITIONS QUEBECOR
7, chemin Bates
Bureau 100
Outremont (Québec)
H2V 1A6
Tél.: (514) 270-1746

© 1997, Les Éditions Quebecor
Dépôt légal, 2e trimestre 1997

Bibliothèque nationale du Québec
Bibliothèque nationale du Canada
ISBN: 2-7640-0140-1

Éditeur: Jacques Simard
Coordonnatrice à la production: Dianne Rioux
Conception de la page couverture: Bernard Langlois
Révision: Sylvie Massariol
Correction d'épreuves: Jocelyne Cormier
Impression: Imprimerie L'Éclaireur

Les religions

Denise Pérusse
Claude Marcil

LES ÉDITIONS
Quebecor

Table des matières

Introduction

Qui était Hercule? Quels étaient les principaux dieux des Égyptiens? Quels sont les fondements des grandes religions? Quelle est leur importance numérique dans le monde? Quels rites observent les juifs et les bouddhistes? Quelles sont les obligations des catholiques, des protestants, des musulmans, des hindouistes? Quels chefs spirituels, quels événements religieux ont marqué l'histoire de l'humanité? Répondre à ces questions est le but de ce petit livre de vulgarisation qui s'adresse au grand public.

Par souci d'être clairs et concis, nous avons simplifié les notions complexes et susceptibles de provoquer de longs débats. Nous avons aussi choisi délibérément une présentation souvent schématique avec, au menu, définitions, mots clés, statistiques, études, balises historiques, tableaux sommaires et comparatifs.

D'entrée de jeu, l'ouvrage fait un bref survol des mythologies et des légendes grecques et romaines qui, pour nous Occidentaux, demeurent les plus familières. Nous avons également évoqué les divinités égyptiennes et nordiques. Ce court résumé des dieux, des déesses et des récits épiques qui remontent à la nuit des temps et qui ont bercé notre imaginaire – qu'on pense aux exploits d'Ulysse, d'Achille ou d'Hercule – rappelle que l'être humain, de tout temps, a été sensible au divin, au sacré, au mystérieux.

Suivent, dans l'ordre chronologique de leur révélation, les trois principales religions auxquelles se rattachent la majorité de la population de la planète: le judaïsme, le christianisme et l'islam. Le christianisme occupe une large place dans l'ouvrage et a été subdivisé en quatre grands groupes: l'Église catholique, l'Église orthodoxe, les Églises protestantes et les autres Églises et mouvements d'origine chrétienne.

On trouve également des explications sur les religions de l'Orient, notamment le bouddhisme, le confucianisme, l'hindouisme et le taoïsme. À ces spiritualités rassemblant des fidèles par centaines de millions, nous avons ajouté quelques confessions de moindre importance numérique: le baha'isme, le jaïnisme, le shintoïsme, le sikhisme et le zoroastrisme. Pour brosser leur profil, nous avons adopté le même modèle: les origines, les principales croyances et pratiques, l'organisation et le nombre de leurs fidèles.

Finalement, une capsule biographique sur des personnalités illustres qui ont occupé l'avant-scène religieuse au fil des siècles et une chronologie religieuse viennent clore cet ouvrage.

Mythologie

S elon les époques, les lieux et les civilisations, l'imaginaire de l'être humain s'est nourri de légendes, de fables, de mythes qui ont conféré un sens à son existence. Le présent chapitre retrace certains mythes et personnages légendaires. Il sort de l'ombre quelques-uns des dieux, des déesses, des héros et des créatures fantastiques qui appartiennent aux grands récits mythologiques des Grecs, des Romains, des Égyptiens et des Nordiques. Du supplice de Tantale aux exploits d'Hercule en passant par la ruse du roi Œdipe qui délivra le pays du Sphinx, bref, à travers les péripéties de ces héros comme à travers le caractère humain des dieux de l'Antiquité, on perçoit cette nécessité de l'être humain de donner une véritable signification à un monde qui lui échappe, au divin, au sacré.

GRANDS PERSONNAGES MYTHIQUES GRECS ET ROMAINS

Dieux de l'Olympe

Les douze grands dieux de l'Olympe, célèbre montagne en Grèce, n'étaient pas les premiers dieux grecs. Ils furent précédés

11

par des dieux plus anciens, les Titans, conduits par Cronos (Saturne[1]) qui avait la particularité de dévorer ses enfants. L'un de ses fils, Zeus (Jupiter), fut caché par sa mère, Rhéa, qui, au lieu du nouveau-né, remit à son époux une pierre enveloppée de langes; Cronos l'avala sans remarquer la supercherie.

Devenu adulte, Zeus donna à son père un émétique, une préparation provoquant le vomissement, pour le forcer à restituer ses frères et sœurs. Avec leur aide, il combattit les Titans fidèles à Cronos et s'empara, pour toujours, du pouvoir divin. Zeus devint ainsi le roi de la nouvelle génération de dieux qui vécurent sur le mont Olympe. Voici les plus importants d'entre eux.

Aphrodite (Vénus). Fille de Zeus ou, selon une autre version, née de l'écume de la mer fécondée par le sang d'Ouranos (dieu grec personnifiant le Ciel) . Cette aimable déesse de l'amour et de la beauté protège les mariages, favorise l'entente entre les époux et préside aux naissances. Mais elle est aussi une divinité redoutable, car elle symbolise la passion qui rend fous d'amour ceux qu'elle veut perdre. Elle détruit les unions légitimes, pousse les époux à l'adultère. On la représente généralement nue ou à demi vêtue dans des poses voluptueuses, drapée dans un mince voile moulant les formes harmonieuses de son corps.

Apollon. Fils de Zeus et de Léto. Dieu de la musique, de la poésie, de la divination et incarnation de la beauté masculine. Inspirateur des musiciens et des poètes, il symbolise le génie artistique et l'idéal de la jeunesse, de la beauté et du progrès.

Arès (Mars). Fils de Zeus et d'Héra (Jumon); père présumé de Romulus et de Rémus, les fondateurs de Rome, et frère d'Héphaïstos (Vulcain). Dieu de la guerre et de la lutte. D'une taille énorme, son comportement violent et sa cruauté le rendent peu sympathique aux autres dieux.

---

1. Les équivalents romains sont écrits entre parenthèses.

Artémis (Diane). Fille de Zeus et de Léto; jumelle d'Apollon. Déesse de la lune et de la chasse. On la représente généralement avec un carquois chargé de flèches, une tunique courte qui n'entrave pas les mouvements, et accompagnée d'un chien ou d'une biche.

Athéna (Minerve). Fille de la déesse Métis qui fut avalée par Zeus, son amant, alors qu'elle était sur le point d'accoucher. Zeus sentit les douleurs d'une violente migraine et Héphaïstos (Vulcain) lui fendit le crâne d'un coup de hache. Athéna sortit du crâne de Zeus tout armée et casquée en poussant un cri de guerre. Déesse guerrière, elle est également la déesse de la raison, ayant hérité de sa mère sagesse et ingéniosité. Elle est aussi la protectrice des arts, de la sculpture et de la peinture.

Cronos (Saturne). Un des Titans, il s'unit avec sa sœur Rhéa. Elle lui donna de nombreux enfants, qu'il dévora dès leur naissance, sauf le dernier, Zeus. Identifié à Saturne par les Romains, il devint, dans des légendes postérieures, un roi juste et bon.

Dionysos (Bacchus). Fils de Zeus et de Sémélé. Dieu de la vigne, du vin et du délire extatique.

Hadès (Pluton). Fils de Cronos et de Rhéa; l'un des frères de Zeus. Ce dieu des morts ne vit pas sur l'Olympe, mais dans le monde souterrain, où il règne sur les morts. Il hérite de toutes les richesses enfouies sous terre et apporte fertilité et abondance des moissons (son nom signifie «Donneur des richesses»). On le représente tenant d'une main une corne d'abondance et, de l'autre, des instruments aratoires.

Héphaïstos (Vulcain). Fils de Zeus et d'Héra. Dieu de la métallurgie et forgeron officiel des dieux. Patron des artisans, il symbolise le pouvoir bénéfique du feu. On le voit souvent sous les traits d'un forgeron hideux, difforme, barbu, au cou épais et à la poitrine velue. Il a pour épouse Aphrodite, déesse de l'amour et de la beauté.

Héra (Junon). Fille de Cronos et de Rhéa; sœur et épouse de Zeus. Déesse souveraine de l'Olympe et du mariage légitime, protectrice de la fécondité du couple. On la représente sous les traits d'une femme querelleuse et jalouse.

Hermès (Mercure). Fils de Zeus et de Maia. Messager des dieux et guide des voyageurs, il personnifie la ruse et l'intelligence. Ses attributs sont multiples: dieu du vol, patron des commerçants, inventeur de l'alphabet, de l'astronomie, de la musique, des poids et des mesures. Il conduit aussi les mortels à leur dernière demeure. On le voit souvent sous les traits d'un jeune athlète qui porte des sandales ailées et qui tient une baguette magique surmontée de deux ailes et entourée de deux serpents entrelacés (le caducée, emblème du corps médical).

Hestia (Vesta). Fille de Cronos et de Rhéa; sœur de Zeus. Déesse du foyer. Incarnation de la flamme sacrée qui brûle sans cesse dans les demeures et qui les purifie, Hestia symbolise la stabilité religieuse et sociale, la continuité de la civilisation.

Poséidon (Neptune). Fils de Cronos et de Rhéa; frère de Zeus. Dieu des mers, des tremblements de terre, de la végétation et de la fertilité sur terre. Son palais est au fond des mers. Parfois, il sort de sa demeure sous-marine sur un char attelé de deux chevaux à crinière d'or.

Zeus (Jupiter). Fils de Cronos et de Rhéa. Maître des dieux de l'Olympe, dieu du ciel et des phénomènes célestes et dieu protecteur de la Grèce. Il châtie les coupables et protège les faibles. Nombre de légendes retracent ses aventures sentimentales, où il apparaît sous des formes insolites pour mieux séduire ses victimes: taureau, nuage, cygne, pluie d'or, aigle, flamme, satyre, voire sous les traits de sa fille Artémis ou sous ceux du mari de la femme convoitée. On le représente comme un homme mûr, musclé, à la chevelure touffue et à la barbe bouclée.

Légendes grecques

Antigone l'intransigeante. Antigone, l'obstinée fille d'Œdipe, va rendre les honneurs funèbres à son frère Polynice, tombé au combat. Elle sait ce qu'elle risque: Créon, roi de Thèbes, a formellement interdit que ce traître, qui a porté les armes contre sa patrie, soit enterré. Antigone mourra pour avoir préféré les morts aux vivants, sa conscience à la raison d'État et les lois divines à celles des hommes.

Mégère. Il s'agit d'une des trois Érinyes (Furies), déesses de la vengeance. Mégère joue deux rôles: elle suscite les querelles armées, les colères et les crimes contre la famille ou l'ordre social; aux Enfers, avec son corps ailé et sa chevelure de serpents, munie de torches et de fouets, elle tourmente ses victimes et les frappe de folie. C'est ainsi que l'on désigne aujourd'hui une femme méchante et acariâtre.

Œdipe ou la fatalité. À la naissance d'Œdipe, l'oracle de Delphes, interprète du dieu Apollon, annonce que l'enfant va tuer son père et épouser sa mère. Le bébé est abandonné à la naissance et tenu pour mort par ses parents. Mais il survit et, à la suite de circonstances dramatiques, la prédiction s'accomplit: Œdipe devient le meurtrier de son père Laïos et l'époux de sa mère Jocaste.

Prométhée, bienfaiteur de l'humanité. Prométhée, fils d'un titan, dérobe une étincelle du feu du ciel pour la donner aux hommes. Mais Zeus, qui ne lui pardonne pas ce méfait, l'enchaîne à un rocher et le condamne pour l'éternité à se faire dévorer le foie – qui repousse sans cesse – par un aigle. Bienfaiteur des hommes, Prométhée personnifie aussi l'orgueil.

Tantale et son supplice. Dans la mythologie grecque, Tantale, roi de Lydie, a les faveurs des dieux, mais il en abuse en révélant aux mortels les secrets de l'Olympe puis en buvant le nectar et en dévorant l'ambroisie qui procurent l'immortalité. C'est pourquoi il est condamné à subir, aux Enfers, un affreux supplice. Il doit se tenir debout, avec de l'eau jusqu'au menton; mais quand, poussé par la soif, il se penche pour boire, l'eau descend en tourbillonnant et disparaît. Pire, des branches chargées de fruits se balancent à quelques centimètres de son visage; mais quand, poussé par la faim, il tend la main pour cueillir ces fruits, les branches s'éloignent hors de portée. Le mythe est passé dans le langage courant avec l'expression «supplice de Tantale».

Les héros grecs

Dans la mythologie, le héros est un personnage ayant exercé sur les êtres humains et sur les événements une telle influence (soit par son courage à la guerre, soit par ses exploits) qu'il s'est élevé au-dessus des mortels et a pu prétendre approcher les dieux.

Achille. Chanté par Homère dans l'*Iliade*, Achille est reconnu pour sa beauté et sa bravoure. Il était le protégé de Héra et d'Athéna. Considéré comme un demi-dieu, sa légende fit l'objet de nombreux récits. Selon des traditions postérieures à Homère, Thétis, mère du jeune Achille, tenta de lui procurer l'immortalité à la suite d'une prédiction annonçant sa mort. Elle le frotta avec de l'ambroisie le jour et le plongea dans le feu la nuit. Enfin, elle le trempa dans les eaux du Styx pour le rendre invulnérable, mais elle oublia le talon par où elle le tenait. Lorsque la guerre de Troie éclata, Thétis envoya Achille dans l'île de Sycros chez le roi Lycomède, où il séjourna déguisé en femme. L'ayant découvert, Ulysse le contraignit par la ruse à le suivre. Une fois au siège de Troie, Achille se montra invincible. Plus tard, sur le point de trahir ses alliés par amour pour Polyxène, fille de Priam, roi de Troie, il trouva la mort, tué par une flèche qui le blessa mortellement au talon, le seul point vulnérable de son corps.

Héraclès (Hercule). Fils de Zeus et d'Alcmène, reine de Thèbes, il demeure un des plus célèbres héros de la mythologie grecque. Pour expier une série de meurtres qu'il avait commis, l'oracle de Delphes l'obligea à se soumettre à douze épreuves. Ces épreuves sont les douze travaux d'Hercule.

1. Il tua le lion de Némée, réputé invulnérable, en l'étouffant, puis revêtit sa peau.

2. Il tua l'hydre des marais de Lerne, un monstre dont les neuf têtes repoussaient à mesure qu'on les coupait.

3. Il captura un sanglier gigantesque descendu du mont Érymanthe.

4. Il captura, après une année d'efforts, la biche de Cérynie aux cornes d'or et aux pieds d'airain.

5. Il abattit de ses flèches les oiseaux du lac Stymphale, dont les ailes, le bec et les serres étaient d'airain et qui se nourrissaient de chair humaine.

6. Il nettoya, en détournant le cours de deux fleuves, les écuries d'Augias, roi d'Élis, qui n'avaient pas été nettoyées depuis trente ans.

7. Il captura le taureau de la Crète qui dévastait le pays et l'emporta sur ses épaules jusqu'en Argolide.

8. Il fit dévorer le roi Diomède par ses propres juments, qu'il nourrissait de chair humaine.

9. Il s'empara de la ceinture de la reine des Amazones, qu'il tua finalement en un combat singulier.

10. Il captura le troupeau de bœufs du roi Géryon, après avoir tué ce géant à trois corps qui régnait sur l'Ibérie, et les ramena en Argolide.

11. Il alla cueillir, après un voyage périlleux, les pommes d'or du jardin des Hespérides, îles situées au large de la côte ouest de l'Afrique.

12. Il dompta et ramena sur terre le chien Cerbère, gardien des Enfers, puis le renvoya au royaume des morts.

Ulysse. Fils du roi d'Ithaque et personnage central de l'*Odyssée* d'Homère, Ulysse demeure l'image idéale du héros capable par son éloquence et sa ruse de se tirer des situations les plus inextricables. Après la victoire des Grecs sur les Troyens, les dieux se déchaînèrent sur Ulysse. Son navire fut jeté par les vents au pays des Lotophages (Lybie). Il lui fallut dix longues années d'errance le long des côtes hostiles de la Méditerranée pour rentrer chez lui. Pendant son périple, Ulysse affronta des monstres hideux, échappa à l'ensorcellement de la magicienne Circé, tomba sous le charme d'une nymphe qui le retint auprès d'elle durant sept ans. Seule Athéna, fille de Zeus, le soutint fidèlement. Pendant toutes ces années d'exil forcé, sa fidèle épouse Pénélope usa de stratagèmes pour éloigner les prétendants pressés de s'emparer du trône de son mari. À son retour, Ulysse les élimina, reprit la place de son père et retrouva le bonheur. Ses aventures tumultueuses et sa forte personnalité donnent à ce héros une place de choix dans la mythologie grecque.

Héros locaux

Outre Hercule, Achille et Ulysse, héros nationaux, on trouve un grand nombre de héros locaux, chaque cité ayant le sien.

• L'Argolide avait pour héros **Persée**, un guerrier valeureux qui tua une des Gorgones, la Méduse, monstre à tête de serpent qui changeait en pierre quiconque la fixait.

• À Corinthe, on adorait **Bellérophon** qui tua la Chimère, autre monstre à tête de lion et à queue de serpent qui vomissait des flammes.

- La Thessalie rendait un culte à **Jason** qui mena à bien une expédition avec les principaux héros grecs surnommés les Argonautes pour conquérir la Toison d'or, dépouille d'un bélier divin.

- En Attique, le héros était **Thésée**. Il délivra Athènes du joug de la Crète en tuant le Minotaure, monstre affreux au corps d'homme et à tête de taureau, qui habitait le labyrinthe et qui dévorait tous les neuf ans sept jeunes garçons et sept jeunes filles.

- Thèbes avait pour héros le roi **Œdipe** qui délivra le pays du Sphinx, monstre qui proposait des énigmes aux voyageurs et dévorait ceux qui ne savaient pas les résoudre.

Légendes romaines

Horaces et Curiaces. Sous le règne de Tullus Hostilius (673-642 av. J.-C.), Rome déclara la guerre à Albe la Longue qui, jusque-là, avait été la plus grande ville latine. Le roi ennemi était Mettus Fuffetius. Il adressa aux Romains ce sage discours: «Nous savons tous que nos voisins, les Étrusques, guettent le moment propice pour nous soumettre, nous, peuples latins; cependant, nous sommes en train de nous disputer. Les Étrusques vont assister à notre combat comme à un beau spectacle et, quand ils nous verront affaiblis, ils se jetteront sur nous et nous écraseront sans peine. Pourquoi ne pas vider notre querelle en faisant combattre trois guerriers albains contre trois guerriers romains?» Ce raisonnement judicieux fut accepté. Rome désigna les trois frères Horaces pour la représenter et Albe choisit les trois Curiaces.

Dès les premiers coups échangés, deux des trois Horaces tombèrent, frappés à mort. Des cris de victoire s'élevèrent du camp albain. Les Romains, atterrés, voyaient venir la défaite, car les trois Curiaces n'étaient que blessés. Pour ne pas se battre contre les trois hommes à la fois, le dernier Romain fit mine de s'enfuir. Ses ennemis le poursuivirent, mais leur course les sépara. Alors, le Romain fit volte-face et les affronta les uns après les autres. Au troisième, il lui donna le coup de grâce en disant: «J'ai immolé les deux premiers aux mânes de mes frères, j'abats maintenant le troisième pour que Rome prévale sur Albe la Longue.»

Romulus et Rémus: la fondation de Rome. Amulius, roi d'Albe, persécutait son frère Numitor. La fille de ce dernier, Rhéa Silvia, ayant eu deux enfants, Romulus et Rémus. Amulius exposa les deux jumeaux sur le Tibre dans une corbeille d'osier. Le Tibre en crue emporta le berceau et le déposa sur une berge au pied de la colline du Palatin. Une louve qui avait perdu ses petits découvrit les nouveau-nés. Reportant sur eux son instinct maternel frustré, elle les nourrit de son lait.

Des bergers les découvrirent et les élevèrent. Devenus grands et vigoureux, ils vengèrent leur grand-père. Puis, ils voulurent fonder une ville au bord du Tibre, à l'endroit même où le fleuve les avait rejetés sur la grève et où ils avaient été miraculeusement sauvés. Ils demandèrent aux dieux de leur donner un présage pour indiquer lequel d'entre eux serait le fondateur. Rémus vit six vautours; Romulus en vit douze et décréta que les auspices lui étaient favorables. Rémus accepta. Mais lorsque Romulus traça avec une charrue un sillon autour de l'emplacement futur de Rome, interdisant à quiconque de la franchir, Rémus ne tint pas compte de son interdiction et sauta par-dessus le sillon. Romulus le tua en disant: «Ainsi meurt quiconque franchira mes murailles.»

Romulus attira dans sa ville les réfugiés chassés des villages voisins. Comme ils n'avaient pas de femmes à épouser, Romulus imagina une ruse. Il fit annoncer dans toute la contrée qu'on célébrerait des jeux à Rome et il invita les Sabins, ses voisins. Pendant la fête, les hommes de Romulus enlevèrent les femmes de ces derniers. Cet acte de violence provoqua une guerre sanglante entre les deux nations. Après avoir donné à sa ville ses premières lois, Romulus disparut mystérieusement pendant un orage.

Autres dieux et légendes

Déesses et dieux égyptiens

Ammon. Dieu de Thèbes. Il devient une divinité suprême quand les princes de Thèbes conquièrent le trône d'Égypte. Il sera par la suite identifié à Râ, le dieu-soleil. Représenté sous forme humaine, il est doté parfois d'attributs phalliques.

Anubis. Dieu de l'embaumement. Il conduit les défunts dans l'au-delà. Représenté sous la forme d'un chacal ou avec la tête seulement du chacal.

Hathor. Déesse de l'amour, de la joie, de la musique et de la danse. Représentée sous les traits d'une vache ou d'une femme dont la tête est coiffée de cornes de vache.

Horus. Fils d'Isis et d'Osiris; dieu du soleil. Représenté sous la forme d'un faucon et parfois sous les traits d'un enfant suçant son pouce.

Isis. Femme d'Osiris; déesse protectrice de l'enfance. Souvent représentée avec son fils Horus assis sur ses genoux.

Osiris. Dieu des régions infernales, de la végétation et de la crue cyclique du Nil. Tué par son frère Seth, son corps fut dépecé en quatorze morceaux qui furent dispersés. Son épouse, Isis, retrouva les restes et reconstitua le corps. Puis, Anubis entreprit la momification. Ressuscité, Osiris régna ensuite sur les morts. Représenté sous l'aspect d'une momie et coiffé d'une couronne, tenant d'une main le sceptre, de l'autre, le fouet.

Ptah. Un des premiers dieux, fondateur de Memphis – la capitale de l'Ancien Empire égyptien – et patron des artisans. Représenté sous forme humaine et serré dans une gaine comme une momie.

Râ. Dieu-soleil d'Héliopolis. Père de tous les dieux et créateur de la race humaine. Représenté sous les traits d'un homme à tête de faucon.

Seth. Dieu du mal, meurtrier de son frère Osiris, dont il découpa le corps en morceaux.

Thôt. Dieu du savoir et de la sagesse, inventeur de l'écriture, vizir et scribe officiel de l'au-delà. Représenté sous la forme d'un homme à tête d'ibis, oiseau à bec long et courbé vers le bas.

Déesses et dieux nordiques

(Allemagne et pays scandinaves)

Ases. Une des familles de dieux germaniques où figurent Odin, Thor, Balder, Frigg. Elle s'oppose à celle des Vanes, avec qui elle lutte, puis se réconcilie.

Balder. Fils d'Odin et de Frigg; dieu de la lumière, de la justice et de la beauté. On se servit du gui pour le tuer.

Freyja. Sœur et épouse de Freyr; déesse de la fécondité et de l'amour (parfois confondue avec Frigga).

Freyr. Fils de Njördhr (famille des Vanes); dieu de la prospérité.

Frigg (ou Frigga). Épouse d'Odin, mère de Balder; déesse de l'amour et du mariage.

Heimdal. Fils d'Odin; dieu de la lumière et gardien des dieux.

Holder (Hoth). Frère de Balder; souverain des ténèbres.

Loki. Dieu du mal; instigateur de la mort de Balder.

Odin (Wotan). Dieu suprême à la tête des Ases et époux de Frigg; dieu de la guerre et de l'atmosphère.

Thor. Fils aîné d'Odin; dieu de la foudre.

Walkyries. Les neuf servantes d'Odin qui choisirent les guerriers devant périr au combat et les conduisirent au Walhalla (le paradis où Odin accueillait les âmes des héros tués au combat).

Créatures fantastiques

Basilic. Reptile fabuleux ayant le pouvoir de tuer par son seul regard. Il est représenté par un coq à queue de dragon ou par un serpent aux ailes de coq.

Centaures. Créatures moitié homme, moitié cheval (avec le buste d'un homme, le corps et les pattes d'un cheval). On les disait civilisés et réputés pour leur noblesse d'âme et leurs connaissances en médecine.

Cerbère. Chien monstrueux aux têtes multiples (trois, cinquante, cent), à queue de dragon, le dos hérissé de têtes de serpent. Gardien de l'enfer, il en interdit l'entrée aux vivants et la sortie aux démons et aux morts. Hercule fut le seul à le maîtriser par ses propres forces. Orphée le charma avec sa lyre.

Cyclopes. Géants monstrueux et cannibales n'ayant qu'un œil au milieu du front. Le plus grand et le plus célèbre d'entre eux, Polyphème, vivait dans une caverne et élevait des troupeaux de brebis et de chèvres.

Dragon. Animal fabuleux qu'on représente souvent avec des ailes, des griffes et une queue de serpent. Gardien vigilant et intraitable des trésors cachés, il faut le vaincre pour les lui ravir.

Griffons. Monstres de grande taille à corps de lion, à tête et à ailes d'aigle. On les disait gardiens d'un trésor.

Harpies. Monstres immortels à tête et à buste de femme. Elles avaient le teint clair, les cheveux hirsutes, les ailes et les griffes acérées d'un vautour.

Licornes. Animaux fabuleux, agiles et efficaces, dotés à la fois d'un corps de cheval, d'une tête de cheval (ou de cerf), de pattes d'antilope, d'une queue de lion et d'une corne redoutable en spirale plantée au milieu du front. Seules les jeunes filles vierges pouvaient, grâce à leur pureté, les dompter.

Minotaure. Monstre au corps d'homme et à la tête de taureau. Il semait la terreur à Athènes. Pour enfermer le monstre (né de l'union de Pasiphaé avec un taureau), Minos fit construire un labyrinthe par Dédale et, chaque année, il lui donnait en pâture sept jeunes garçons et sept jeunes filles d'Athènes. Un jour, Thésée, fils du roi Égée, parvint à tuer le monstre. Grâce à la pelote de fil que lui avait donnée Ariane, il retrouva la sortie du labyrinthe. Mais, en rentrant dans son pays, il omit de changer les voiles noires de son bateau pour des voiles blanches, comme il avait promis de le faire en cas de victoire. Son père Égée, guettant son retour, le crut mort et se jeta dans la mer qui, depuis, porte son nom.

Pégase. Cheval ailé. Fils de Poséidon et de la Gorgone, il serait né aux sources de l'océan et recherchait les fontaines. Il fut dompté par Bellérophon et l'aida à tuer la Chimère. D'un coup de son sabot sur l'Hélicon, une montagne de Grèce, il donna naissance à la source d'Hippocrène. Il personnifie l'inspiration poétique.

Satyre. Être à corps humain, mais à cornes et à pieds de chèvre ou de bouc. Il vivait dans les bois et était associé à la fertilité.

Sphynx. Monstre fabuleux, formé d'un corps de lion et d'une tête humaine. Établi près de Thèbes, il proposait des énigmes aux voyageurs et dévorait ceux qui ne savaient pas les résoudre. Il se tua après qu'Œdipe eut répondu à l'énigme qu'il avait posée: «Quel est l'être, doué de la voix, qui a quatre pieds le matin, deux à midi, et trois le soir?» La réponse: l'homme (qui marche à quatre pattes quand il est enfant et s'aide d'une canne quand il est vieux).

Sirènes. Animaux fabuleux à tête et à torse de femme ayant une queue de poisson. Bon nombre d'anciennes légendes, nées un peu partout dans le monde, parlent des sirènes qui hantent les océans. Elles vivraient dans des palais au fond des mers. Toujours très belles, elles viendraient parfois s'étendre sur le rivage pour peigner leurs longs cheveux d'or. Leur chant, dit-on, est si beau que les marins ne peuvent y résister et qu'ils se jettent à la mer, où ils s'y noient pour retrouver les belles chanteuses. Homère raconte qu'Ulysse se fit attacher au mât de son navire pour les écouter sans céder à leurs chants.

Triton. Divinité de la mer à figure humaine et à queue de poisson dont l'attribut est une conque (coquille en spirale qui sert comme trompe) au son retentissant.

Religions

De tout temps, la religion touche les relations de l'être humain avec la divinité; elle confronte chacun et chacune avec sa destinée. Les religions ont revêtu, au cours des âges et aux quatre coins de la planète, des formes différentes. Dans les prochains chapitres, nous levons le voile sur ses principales manifestations. Nous commençons avec le judaïsme et la révélation d'Abraham, révélation qui fonde historiquement le monothéisme, c'est-à-dire la foi en un Dieu unique, créateur de toute chose.

Judaïsme

ORIGINES

L'histoire du judaïsme commence en 1800 av. J.-C. avec celle d'Abraham, patriarche du peuple juif. En ce temps-là, les autres peuples de l'Antiquité adoraient de nombreux dieux. Le judaïsme a été la première religion de l'humanité à affirmer l'existence d'un seul Dieu.

Issus des tribus semi-nomades du Proche-Orient, les Hébreux s'installèrent dans le pays de Canaan (Palestine) au XIXe siècle av. J.-C. C'était l'époque des patriarches bibliques, Abraham, Isaac et Jacob. Ce dernier, petit-fils d'Abraham, eut douze fils, qui devinrent les chefs des douze tribus d'Israël. L'un deux, Joseph, vendu par ses frères à des Égyptiens et devenu ministre du Pharaon, appela sa famille en Égypte à l'occasion d'une famine qui dura sept ans (XVIIIe siècle av. J.-C.).

Vers 1250 avant notre ère, Moïse conduisit son peuple hors d'Égypte (l'Exode). Durant l'Exode, Dieu apparut à Moïse et lui donna la Loi (Décalogue), qui fut inscrite sur des Tables déposées dans l'Arche d'alliance. Après quarante ans de marche dans le désert, les Hébreux arrivèrent à Canaan (Palestine), Terre promise par Dieu à Abraham. Les Hébreux furent ensuite vaincus par les Assyriens, les Babyloniens, les Perses et les Romains. La destruction de Jérusalem en 70 apr. J.-C. signifie le début de la Grande Diaspora.

Livres sacrés

Bible

Le judaïsme se fonde sur la Bible juive, plus particulièrement sur la Loi (Torah). La Bible juive, appelée par les chrétiens Ancien Testament, comprend 24 livres divisés en trois parties.

I. La Loi (Torah ou Pentateuque, connue aussi comme les Cinq Livres de Moïse)

1. La Genèse (de la création du monde à la mort de Jacob en passant par le Déluge et l'Arche de Noé)
2. L'Exode (la sortie d'Égypte)
3. Le Lévitique (comprenant des indications sur le rituel du Temple, les fêtes, etc.)
4. Les Nombres (la marche dans le désert)
5. Le Deutéronome (dernier discours de Moïse: répétition des lois et des Dix Commandements)

II. Les Prophètes

6. Josué (conquête de la Terre promise)
7. Les Juges (guerres contre les voisins)
8. Samuel (histoire de Samuel, Saül et David)
9. Les Rois (histoire de Salomon, schisme entre Israël et Juda)
10. Isaïe (prophéties)

11. Jérémie (prophéties concernant la destruction du Temple et l'exil)

12. Ézéchiel (prophéties de l'Apocalypse)

13. Douze «petits» prophètes (Osée, Joël, Amos, Abdias, Jonas, Michée, Nahum, Habacuc, Sophonie, Aggée, Zacharie, Malachie).

III. Les Écrits (ou Hagiographes)

14. Les Psaumes

15. Job (histoire qui pose le problème du mal)

16. Les Proverbes (recommandations de sagesse)

17. Ruth (histoire d'une jeune Moabite qui abandonne l'idolâtrie)

18. Le Cantique des Cantiques (poèmes chantant l'amour de Dieu et d'Israël)

19. L'Ecclésiaste

20. Les Lamentations (repentir d'Israël après la ruine de Jérusalem)

21. Esther (histoire des Juifs de Perse sauvés d'un massacre grâce à l'intervention de la reine Esther)

22. Daniel (son histoire, ses prophéties)

23. Esdras-Néhémie (retour des Juifs en Terre sainte après l'exil)

24. Les Chroniques (histoire de David et de ses successeurs)

Selon les chercheurs, certains de ces textes furent écrits dès le IXe siècle av. J.-C. et leur rédaction se poursuivit jusqu'au Ier siècle avant notre ère. On y trouve une conception de Dieu, du monde et de l'homme s'inspirant des traditions du peuple hébreu et de son histoire.

À propos de la Bible

- La Bible a été traduite en 337 langues et, pour certains passages, en 2062 langues.

- Il reste moins de 50 Bibles imprimées par Gutenberg dans le monde.

- Les noms de trois anges sont cités dans la Bible: Gabriel, Michaël et Lucifer. La Bible décrit les anges comme des créatures ailées. Par ailleurs, les peintres des premiers temps de la chrétienté les représentaient toujours comme des enfants sans ailes; les ailes ne sont apparues qu'au temps du premier empereur romain chrétien, Constantin Ier, plus de 300 ans apr. J.-C.

Textes d'interprétation de la Bible

À la Bible, s'ajoutent des textes de législation et d'interprétation. Voici les principaux.

Mishna. Vers l'an 200 de l'ère chrétienne, la Mishna (mot qui signifie «enseignement»), qui constitue une importante compilation de la loi orale, fut codifiée et éditée en Palestine par le plus célèbre maître de l'époque: Rabbi Judah. Dès lors, la Mishna devint, avec le Pentateuque, le texte religieux de base dans les académies de la Palestine et de Babylonie.

Gemara. Vers l'an 500, un second code rabbinique fut édité en Babylonie. On le nomma Gemara, ce qui signifie également enseignement en araméen. Il contient l'ensemble des discussions et des développements auxquels la Mishna avait donné lieu depuis sa parution. La Gemara comprend deux recueils, l'un publié en Palestine et l'autre en Babylonie, ce dernier étant le plus important.

Talmud. Le Talmud réunit la Gemara babylonienne et la Mishna. Il constitue le document de base du judaïsme rabbinique.

Œuvre de plusieurs générations de rabbins (II-VIIIe siècles), le Talmud contient le nom de plus de 2000 rabbins qui participèrent à ses délibérations, soit en Palestine, soit en Babylonie. Il compte 63 traités en tout et comprend plus de 6000 pages grand format. Le Talmud est à la fois un code juridique, un traité théologique, un art de vivre, voire une esthétique. Il donne des indications sur les fêtes, le mariage, le code pénal, les règles de vie, etc.

CROYANCES

Le judaïsme se résume en deux affirmations essentielles: l'unité de Dieu et l'élection d'Israël.

La religion juive considère entre autres:

- que Dieu a créé et gouverne tout ce qui existe, qu'il est Un et Unique, immatériel et éternel;

- que Dieu demande aux êtres humains de se conduire selon Sa volonté, qu'Il connaît toutes les pensées et actions de chacun et chacune;

- que Dieu récompense ceux et celles qui accomplissent ses commandements et punit quiconque les transgresse;

- que Dieu a fait alliance avec Abraham;

- que toutes les paroles des prophètes (de la Bible) sont vérité;

- que les morts ressusciteront;

- que le Messie viendra pour consacrer le Royaume de Dieu et établir la Justice et la Paix;

- que la Loi a été donnée par Dieu à Moïse. Cette Loi s'exprime par le respect des Dix Commandements de Dieu (appelés aussi le Décalogue, les Dix Paroles ou les Deux Tables de la Loi).

Les voici:

I

1. C'est lui ton Dieu.
2. Tu ne feras pas de Dieu à son image.
3. Tu n'abuseras pas de son nom.
4. Tu sanctifieras le jour du Seigneur.
5. Honore ton père et ta mère.

II

6. Tu ne tueras pas.
7. Tu ne commettras point d'adultère.
8. Tu ne voleras pas.
9. Tu ne seras pas un faux témoin.
10. Tu ne convoiteras pas.

PROPHÈTES DE LA BIBLE

Écoutés avec espoir et respect par le peuple, les prophètes furent souvent persécutés par les rois. Chez les Hébreux, un prophète était un homme inspiré de Dieu qui prédisait l'avenir. Dans la Bible, le prophète est appelé «homme de l'esprit», «serviteur de l'Éternel» ou «envoyé de l'Éternel».

La prophétie avait pour but d'amener les hommes à se repentir. Animés de l'esprit de Dieu, les prophètes parcouraient les tribus en condamnant l'idolâtrie et la corruption des mœurs chez les riches, rappelant que la véritable foi consiste à pratiquer la justice et la vertu. Ils annonçaient la venue sur terre d'un sauveur – le Messie – pour établir la Justice et la Paix.

Les prophètes bibliques furent très nombreux: Moïse (qui reçut par Dieu la Loi sur le mont Sinaï), Samuel, Élie, David, etc. Puis il y eut les quatre «Grands Prophètes» qui léguèrent des écrits importants: Isaïe, qui donna son nom au recueil le plus éclatant des prophéties hébraïques; Jérémie, qui prophétisa contre le formalisme du culte et qui, lors des déportations à Babylone, prêcha l'acceptation du désastre; Ézéchiel, qui annonça la ruine de Jérusalem, puis la restauration future d'Israël; Daniel, qui écrivit un livre contenant ses prophéties et ses visions apocalyptiques. Les douze prophètes dits «petits prophètes», comme Amos, Osée, Jonas, etc., laissèrent derrière eux des œuvres moins importantes.

FÊTES RELIGIEUSES ET PRESCRIPTIONS RITUELLES

Le judaïsme, qui couvre tous les domaines de la vie, contient également des prescriptions rituelles telles que l'observance du sabbat, les fêtes, la circoncision, les règles alimentaires, etc. Mais il ne préconise ni dogme ni église constituée. La synagogue est simplement un lieu de culte et d'étude. Au moins dix hommes sont requis pour le culte de la prière, mais il n'y a ni prêtre ni pasteur. Le judaïsme est une religion de laïcs. Les rabbins sont les «docteurs» de la Loi: ils sont habilités à commenter les textes de la Bible et du Talmud et sont responsables de l'enseignement religieux aux enfants et aux adultes. Ils président aussi les cérémonies de la vie religieuse. Ils sont fortement encouragés à se marier et à avoir de nombreux enfants.

Fêtes

Sabbat (Chabbat ou samedi). Commence le vendredi soir au coucher du soleil et se termine le samedi soir. C'est le septième jour de la semaine, celui qui est réservé au repos et au Seigneur.

Rosh Haschana («début de l'année»). C'est le jour de l'An israélite, le premier jour du mois de Tichri (entre le 10 septembre et le début d'octobre). Il marque le début de dix jours de réflexion, de jeûne et de prière, dont le dernier est le Yom Kippour.

Yom Kippour (jour de la Purification ou du Grand Pardon). Dix jours après la fête du Rosh Haschana. Jour d'expiation pour les péchés de l'année précédente, jour de jeûne absolu, jour du pardon. C'est la plus grande fête religieuse de l'année.

Soukkot (fête des Tabernacles). Quatre jours après le Yom Kippour. Cette fête célèbre la protection de Dieu durant son séjour dans le désert. Soukkot signifie d'ailleurs «tente», qui est le symbole de la protection divine. Anciennement, les Juifs quittaient leur maison pendant sept jours pour résider dans des cabanes afin de rappeler qu'ils ne sont fixés nulle part dans le monde. Aujourd'hui, ils se contentent de dresser sur leurs balcons une petite cabane dans laquelle ils prennent leur repas.

Sim'hat Torah (fête de la joie de la Torah). Célébrée le 23ᵉ jour du mois de Tichri (début d'octobre). Cette fête clôture la fête des Tabernacles. On y fait la lecture publique de la Loi et on prie pour le rassemblement des nations à Jérusalem.

Pourim (fête d'Esther). Célébrée un mois avant Pâque. Cette fête rappelle la délivrance des Juifs de Perse grâce à l'intervention de la reine Esther auprès du roi Assuérus. Pour cette fête populaire, les Juifs se déguisent.

Pessah ou Pâque («passage»). Célébrée le 15 du mois de Nissan (souvent en avril). C'est la grande fête de l'année en souvenir de la sortie du peuple hébreu hors d'Égypte au temps de Moïse.

Shavouoth (Pentecôte). Célébrée sept semaines après Pâque. Cette fête rappelle le don de la Loi sur le mont Sinaï.

Hanouka (fête des Lumières). Célébrée vers la fin de décembre. Cette fête rappelle la purification du Temple au temps de la révolte des Maccabées (lutte des Juifs contre Antiochos IV, vers 200 av. J.-C.). On l'appelle la fête des Lumières, en souvenir de la cérémonie où l'on alluma à nouveau le Chandelier du

Temple. Pendant huit jours, on allume des bougies, symbole de la victoire de l'esprit sur la force brutale, du judaïsme sur le paganisme.

Prescriptions rituelles

Alimentation cachère (permise). La viande est abattue rituellement et vidée de son sang. Il est interdit de mélanger viande et lait et de consommer sang et suif sous quelque forme que ce soit. Il est permis de manger de la chair de ruminants dont les pieds sont fendus (donc pas de lièvre ni de porc). Les animaux de basse-cour, les pigeons et les colombes sont également des viandes autorisées. Les seuls poissons permis pour la consommation sont ceux pourvus à la fois d'écailles et de nageoires: carpes, truites, saumons. Pendant la Pâque, tout pain et toute pâte levée sont interdits de même que tout aliment fermenté, sauf les alcools à base de fruits.

Bar-mitzva. Profession de foi des garçons, à l'âge de treize ans. L'enfant juif fait sa première lecture publique à la synagogue. C'est à partir de la bar-mitzva qu'il est tenu aux obligations rituelles.

Bat-mitzva. Profession de foi des filles à l'âge de douze ans. À partir de ce moment, les jeunes filles sont aptes à comprendre la signification et les devoirs de leur engagement. Chez les Juifs orthodoxes, elles n'ont pas le droit de lire la Torah à la synagogue et la cérémonie qui accompagne leur douzième anniversaire est strictement familiale.

Châle de prière. Il est porté par les hommes pendant la récitation des prières du matin. Il est blanc avec de petites bandes noires ou bleues. Les franges rappellent au fidèle qu'il doit consacrer sa vie au service de Dieu.

Circoncision. Tout enfant mâle doit être circoncis (ablation du prépuce), huit jours après sa naissance. La circoncision confirme,

37

entre le peuple d'Israël et son créateur, l'Alliance dont Dieu a dit: «Elle sera à perpétuité dans votre chair.»

Deuil rituel. Ce rituel comprend une dizaine d'obligations traditionnelles, dont sept jours de plein deuil pour les proches parents des morts.

DIVISIONS

Juifs orthodoxes

Les Juifs orthodoxes sont très attachés à l'observation rigoureuse des prescriptions contenues dans la Bible et le Talmud. Ils estiment que tout problème vécu par les hommes et les femmes d'aujourd'hui peut être résolu à la lumière des enseignements anciens donnés par Dieu. Des trois mouvements religieux du judaïsme moderne, l'orthodoxie est celui qui accorde le plus d'importance au rabbin, reconnu maître et interprète de la halakha («marche à suivre» ou réglementation qui définit l'observation correcte du judaïsme).

Les hassidim sont des juifs très religieux et très respectueux des lois rituelles. Ils se distinguent par leur tenue (chapeau noir, barbe, etc.). Ils se marient exclusivement entre hassidim et craignent le danger de l'assimilation au contact des sociétés non juives. Le hassidisme est une tendance mystique née au XVIIIe siècle, en Europe centrale, en réponse aux désespoirs suscités par l'échec des faux messies. Les groupes hassidiques sont nommés d'après les noms des villes ou des villages où habitaient leurs rebbes (leaders charismatiques) respectifs. Les principaux groupes hassidiques de Montréal sont: Belz, Bobov, Klausenburg, Lubavitch, Satmar, Skver, Tash, Vichnitz (le rebbe des Tash vit à Boisbriand).

Juifs réformés

Le mouvement réformiste au sein du judaïsme est né en Allemagne à la fin du XVIIIe siècle et au début du XIXe siècle. Jusqu'au

XVIIIe siècle, les Juifs vivaient dans un monde clos. L'émancipation fit éclater les ghettos. Ce mouvement a émergé en réponse aux nouvelles découvertes de la science, de l'histoire et de l'étude des religions. Les Juifs réformés ont rompu avec la tradition en ce qui a trait à l'attitude à adopter à l'égard de la halakha et rejettent l'autorité obligatoire de la Bible et du Talmud sur les questions de cérémonial et de règlements rituels. Ils ont remplacé l'hébreu, la langue de base pour la prière, par la langue locale (anglais, français, allemand, etc.). Les Juifs réformés ont également aboli certaines prescriptions rituelles, comme celles liées à la nourriture. Dans leur vie religieuse, la femme a les mêmes tâches que l'homme; par conséquent, les femmes y sont acceptées en tant que rabbins. Le développement de la réforme juive aux États-Unis entraîna une contre-réforme connue sous le nom de judaïsme conservateur.

Juifs conservateurs

Les conservateurs sont à mi-chemin entre les Juifs orthodoxes et les Juifs réformés. Au XIXe siècle, les réformateurs contribuèrent à la renaissance du judaïsme, dans leur effort pour trouver un appui à leurs vues modernes. Toutefois, certains estimèrent que les réformateurs insistaient trop sur les éléments universels du judaïsme sans prendre assez en considération la tradition. Aussi, on forma une autre école de pensée dans plusieurs pays d'Europe et plus particulièrement en Amérique du Nord; celle-ci mit l'accent sur les éléments distinctifs du judaïsme et propres à la tradition. Elle ouvrit la voie à ce qui devint le mouvement conservateur du judaïsme. Ce mouvement proposait un retour aux traditions, mais en tenant compte des exigences de la vie moderne.

Reconnaissant, avec les Juifs orthodoxes, la place centrale de la Bible et du Talmud, les Juifs conservateurs ne se sentent pas tenus de faire une interprétation littérale des livres traditionnels. La Loi, estiment-ils, doit être adaptée aux changements. Les conservateurs observent peu les lois cachères. Ils respectent la plupart des halakhas, mais font des concessions à la vie moderne. Ainsi, plusieurs Juifs conservateurs, mais aucun Juif orthodoxe, conduisent leur voiture pour aller à la synagogue le jour du sabbat.

QUELQUES STATISTIQUES

- Aujourd'hui, plus de 18 millions de Juifs vivent partout dans le monde, dont 7,5 millions aux États-Unis, 4 millions en Israël, de 2,5 à 3 millions en ex-URSS, 1,5 million en Europe, 320 000 au Canada, 300 000 en Afrique et 95 000 en Océanie. La majorité sont des Ashkenazim (pluriel d'Ashkenaz). Ashkenaz signifie «d'Allemagne» au sens propre et, par extension, «d'Europe continentale»; ce mot recouvre tous les Juifs des pays d'Europe non méditerranéens et leurs descendants. Sepharad désigne l'Espagne et, par extension, les Juifs originaires d'Espagne, puis tous ceux du bassin méditerranéen et du Proche-Orient ainsi que leurs descendants. *Grosso modo*, les Ashkenazim ont habité les pays chrétiens et les Sepharadim (pluriel de Sepharad), les pays musulmans.

- C'est en Amérique du Nord que la population juive est la plus nombreuse. Sur les 7,5 millions de Juifs américains, plus de 2 millions vivent à New York.

- La deuxième communauté hassidim en importance en Amérique du Nord, après New York, se trouve à Montréal. La communauté juive de la métropole compte environ 100 000 membres; entre 7000 et 10 000 d'entre eux sont des hassidim.

- Au Québec, la population juive, concentrée dans la région de Montréal, comprend plusieurs couches historiques:

  - un nombre restreint de colons, originaires d'Europe, arrivés à la fin du XVIIIe siècle;

  - une immigration massive d'Europe de l'Est de 1880 jusqu'à la Crise des années 1930;

— après une fermeture hermétique des portes aux Juifs qui tentaient de fuir l'Allemagne nazie, une immigration de rescapés d'Europe, de 1948 à la fin des années 1950;

— une immigration d'Afrique du Nord, surtout du Maroc, dans les années 1960 et 1970.

CURIOSITÉS

• On dénombre à peu près 60 000 synagogues dans le monde.

• La plus grande synagogue du monde: le temple Emanue-El à New York. Cet édifice peut contenir plus de 6000 fidèles.

• Le premier peuple à adopter le judaïsme: bien avant la formation de l'État d'Israël, un autre peuple adopta le judaïsme comme religion d'État. Il s'agit des Khazars d'Asie, peuple turc qui, du VIIe au Xe siècle de notre ère, domina la région de la mer Caspienne, puis de la Crimée et des steppes entre le Don et le Dniepr (Sud de la Russie). Au VIIIe siècle, les Khazars se sont faits juifs pour maintenir une position neutre dans la guerre entre chrétiens et musulmans. Le royaume fut détruit deux siècles plus tard par les troupes de Kiev.

MOTS CLÉS

Grand Rabbin. Représentant de la communauté juive face aux autorités civiles d'un pays ou des autres groupes religieux.

Maguén David. Littéralement «bouclier de David». Dans la langue populaire, ces mots désignent l'étoile à six branches (étoile de David), servant souvent de symbole du peuple juif.

Miniane. Littéralement «nombre». Un «miniane», qui veut dire groupe d'au moins dix personnes âgées de treize ans révolus, est requis pour le culte public juif.

Mitzva (pluriel Mitzvoth). Littéralement «commandement». La Bible hébraïque contient 613 Mitzvoth (commandements de Dieu visant à régir la vie quotidienne du peuple juif).

Pentateuque. Les Cinq Livres de Moïse (Genèse, Exode, Lévitique, Nombres et Deutéronome).

Rabbin. Docteur de la Loi, habilité à commenter les textes de la Bible et du Talmud. Il préside les cérémonies de la vie religieuse.

Sabbat. Jour du repos. Commence le vendredi soir à la tombée de la nuit et se termine le samedi soir.

Shema (chemâ). Abréviation de la prière hébraïque Shema Israël: «Écoute, Israël, le Seigneur notre Dieu, le Seigneur est Un.»

Torah. Les Cinq Livres de Moïse.

Christianisme

Le christianisme est issu du judaïsme, dont il a hérité la croyance en un Dieu unique, éternel et tout-puissant. L'Église catholique, les Églises protestantes et l'Église orthodoxe constituent le christianisme.

ORIGINES

Fondé en Palestine (aujourd'hui Israël) vers 30 apr. J.-C., le christianisme est une religion basée sur l'enseignement, la personne et la vie de Jésus-Christ. Voici son histoire telle qu'elle est présentée dans les Évangiles (mot grec qui signifie «bonne nouvelle»).

La vie de Jésus

- Son nom est Ieschoua en hébreu (*Iêsous* en grec, *Jésus* en latin). La Bible compte une quinzaine de noms. Le qualificatif grec *khristos*, ajouté dès le début à son nom par ses disciples, signifie «consacré pour une mission», traduction de l'hébreu *mashiah*, d'où vient le mot «messie».

- Ses parents sont Marie et Joseph, charpentier à Nazareth. Des «frères» et «sœurs» sont souvent mentionnés par les Évangiles; la tradition catholique les considère comme ses cousins germains.

- Sa naissance a lieu à Bethléem, en Judée, vers l'an 6 (ou 4) avant notre ère. Joseph et Marie se rendent en Judée pour un recensement (entre 6 et 3 av. J.-C.). Faute de place à l'hôtellerie, ils doivent loger dans une bergerie. Précisons qu'on ignore la date exacte de la naissance de Jésus. Le jour du 25 décembre a été choisi au IVe siècle. Il correspond à une ancienne fête païenne commune à la religion romaine et au culte de Mithra. Sa circoncision a lieu huit jours après sa naissance, comme le veut la Loi, au Temple de Jérusalem.

- Sa vie, il la consacre à prêcher l'avènement du règne de Dieu. Parlant l'araméen, mais aussi l'hébreu, Jésus vit d'abord en famille à Nazareth au milieu du peuple et respecte la loi juive (sabbat, etc.). Vers 28-29 (Jésus est alors probablement âgé de trente-trois ou trente-quatre ans), il est baptisé par son cousin Jean le Baptiste, après un jeûne de quarante jours. Puis, accompagné du groupe de disciples qu'il a constitué au bord du lac de Génésareth, Jésus commence sa vie publique. Il accomplit de nombreux miracles (transformation de l'eau en vin, multiplication des pains, guérison des malades), prenant bien soin chaque fois de préciser leur sens spirituel.

- Son arrestation et sa mort ont lieu en 29 ou 30. À cette époque, Jésus se rend plusieurs fois à Jérusalem. Il s'en prend aux sacrifices d'animaux et aux activités commerciales du Temple. En avril, la veille de la Pâque (Pessah), après avoir partagé le pain et le vin en compagnie de ses disciples, il est arrêté avec, semble-t-il, la complicité de l'un d'entre eux. Rapidement, le tribunal suprême des Juifs (Sanhédrin), principalement composé de sadducéens (le parti des prêtres et des puissants, très conservateur donc et respectant strictement la Torah) et le préfet romain Ponce Pilate s'entendent pour le condamner au supplice de la flagellation, puis à l'exécution par crucifixion, peine réservée aux esclaves et aux révoltés non romains.

Jésus est finalement crucifié hors de l'enceinte de Jérusalem, sur le mont du Golgotha. Il s'y rend en portant lui-même sa croix. Puis, il est fixé sur une croix par des clous près des poignets et aux pieds. Au moment de sa mort, après une agonie de trois heures, il se produit des prodiges: la terre tremble, le ciel s'obscurcit. Une fois enseveli, son corps disparaît: Marie-Madeleine découvre le tombeau de Jésus vide le lendemain du sabbat pascal. Jésus apparaît plusieurs fois à ses disciples. Ceux-ci affirment qu'il est ressuscité et sont chargés d'aller évangéliser tous les hommes et toutes les femmes en les baptisant. Le christianisme est né.

DÉBUTS ET EXPANSION DU CHRISTIANISME

On connaît l'enseignement de Jésus, sa vie et sa Passion grâce aux quatre Évangiles, dont deux des auteurs, saint Matthieu et saint Jean, ont été ses apôtres. On y prêche que Jésus-Christ s'est fait homme, qu'il a souffert et qu'il est mort pour racheter les péchés de tous les êtres humains. Grâce à lui, le Royaume des Cieux est offert à ceux et à celles qui font preuve d'une foi confiante en Dieu et d'un ardent amour de leur prochain.

Après la mort de Jésus, les douze apôtres, fidèles à la parole de leur Maître, se séparent et s'en vont prêcher dans les communautés juives de la diaspora, dans tout l'Empire romain. Saint Pierre fonde la communauté d'Antioche, puis se rend à Rome (en 42 ou en 44), qui devient la capitale de la chrétienté. Jusqu'en 49, les chrétiens sont recrutés parmi les Juifs de Jérusalem et dans les villes de Judée. Ils forment le noyau des premiers convertis. Vers 50, Paul organise les communautés chrétiennes d'Asie mineure et de Grèce, à majorité non juive. De nombreux obstacles l'attendent. Les intellectuels grecs, maîtres à penser de la société romaine, s'opposent à toute doctrine non fondée sur le raisonnement. Les cultes ésotériques, venus d'Asie, gardent toujours de nombreux adeptes (le culte de Mithra).

Au IIe siècle, le christianisme compte de nombreux adeptes dans tout l'Empire romain, mais cela se fait au prix de nombreux martyrs. Plusieurs chrétiens acceptent en effet de mourir pour témoigner de leur foi au cours des deux siècles (112-313) où est appliquée, par huit empereurs romains, une législation antichrétienne («décret de Néron»). En 313, l'empereur Constantin le Grand met fin aux persécutions en reconnaissant la liberté du culte par l'édit de Milan. Plus, le christianisme devient alors religion officielle. L'empereur s'affirme comme protecteur officiel de l'Église, appliquant les décisions prises en concile.

Malgré les nombreux conciles réunis pour trancher des questions de doctrine, l'unité des chrétiens vacille deux fois: *le schisme d'Orient,* en 1054, qui sépare les orthodoxes des catholiques, et *le schisme d'Occident* suscité par la Réforme au XVIe siècle, qui scinde les protestants des catholiques. Le christianisme se heurte, surtout à partir du XVIIe siècle, à l'hostilité de la libre pensée, mais il continue cependant de se répandre avec les missions.

Livres sacrés

• Livres de l'Ancien Testament (Bible juive)

• Livres du Nouveau Testament (ensemble des textes sacrés postérieurs à la venue de Jésus au monde. Pour les Églises chrétiennes, ils font partie de la Bible au même titre que les livres de l'Ancien Testament. Pour le judaïsme, au contraire, ils ne sont ni inspirés, ni sacrés, ni divins.)

— Les quatre Évangiles: saint Matthieu, saint Marc, saint Luc, saint Jean en sont les auteurs.

Les quatre évangélistes (Matthieu, Jean, Marc et Luc). Matthieu et Jean furent des disciples du Christ, ses apôtres. Marc fut sans doute un compagnon de Pierre lorsqu'il vint à Rome. Luc recueillit probablement un témoignage sans avoir jamais vu Jésus.

Date de rédaction des Évangiles

Marc	Luc	Matthieu	Jean
vers 65-70	vers 80	vers 80-90	vers 90

sur quel témoignage?

Pierre	indirects	directs	Jean

On a cru longtemps que les Évangiles avaient été écrits en araméen à l'origine, puis traduits en grec. Or il est probable qu'ils aient été écrits en hébreu: certains passages se traduisent en hébreu mot à mot.

— Les Actes des Apôtres

— Les Épîtres de saint Paul (Épître aux Romains; Première et Deuxième Épîtres aux Corinthiens; Épître aux Galates; Épître aux Éphésiens; Épître aux Philippiens; Épître aux Colossiens; Première et Deuxième Épîtres aux Thessaloniciens; Première et Deuxième Épitres à Timothée; Épître à Tite; Épître à Philémon; Épître aux Hébreux)

— Les Épîtres catholiques (Épître de saint Jacques; Première et Deuxième Épîtres de saint Pierre; Première, Deuxième et Troisième Épîtres de saint Jean; Épître de saint Jude)

— L'Apocalypse de saint Jean

– Les Apocryphes: livres non canoniques (que l'Église n'admet pas dans le canon biblique). On en compte une dizaine, dont le plus ancien remonte au IIIe siècle. Il s'agit de l'Évangile selon Thomas ou les «Paroles de Jésus», apocryphe découvert en 1945 à Nag Hammadi, en Égypte.

Douze apôtres

Nom (du grec «envoyé») donné aux douze disciples choisis par Jésus-Christ pour prêcher l'Évangile.

Pierre
André, le frère de Pierre
Jacques le Mineur
Jean l'Évangéliste
Philippe de Bethsaïde
Barthélemy (appelé Nathanaël par saint Jean)
Thomas (ou Didyme, c'est-à-dire le Jumeau)
Matthieu (ou Lévi)
Simon le Cananéen (ou Simon le Zélote)
Jude ou **Thaddée** (frère de Jacques le Mineur)
Jacques le Majeur
Judas

• Paul et Barnabé sont parfois nommés comme apôtres, mais ils ne font pas partie des douze premiers. Paul, né à Tarse, a été converti sur le chemin de Damas.

• Jean, le plus jeune des douze apôtres et le seul témoin de la crucifixion, a été le seul des douze à mourir de cause naturelle. Il serait mort dans son lit.

• Les apôtres sont souvent représentés par les artistes avec des insignes ou des symboles particuliers: Pierre avec des clés, Jean avec un aigle, Matthieu avec un lion ailé et André avec une croix.

CROYANCES COMMUNES

Si l'Église catholique, les Églises protestantes et l'Église ortho-doxe sont distinctes, elles partagent certaines croyances. Les chrétiens croient en un Dieu qui s'est révélé au peuple juif et qui a été annoncé par Jésus-Christ. Les principaux points de doctrine sont les mystères de l'incarnation et de la résurrection du Christ, fils de Dieu, de la présence du Christ dans l'eucharistie (pour les catholiques; la plupart des protestants considèrent la cène comme un symbole), de la résurrection des morts et de la vie éternelle.

QUELQUES STATISTIQUES

- On estime à environ 1,6 milliard le nombre de chrétiens dans le monde. On trouve des chrétiens dans presque tous les pays. Ils sont particulièrement nombreux aux États-Unis (plus de 210 millions), au Brésil (plus de 125 millions), en ex-URSS (plus de 100 millions), au Mexique (plus de 75 millions), en Allemagne (plus de 65 millions).

- Au Canada, le recensement de 1991 indiquait 22 503 360 chrétiens, dont 6 647 325 vivaient au Québec.

CURIOSITÉS

- Environ 5000 habitants de Maaoula, de Bakhaa et de Djoubadine (Syrie) parlent encore l'araméen, la langue de Jésus.

- La plus vieille église chrétienne du monde se trouve à Qal'at es Salihiye, en Syrie. Elle date de 232 apr. J.-C.

- La hauteur d'âme! Pour la plupart des premiers chrétiens, l'ascétisme constitue le chemin le plus sûr vers le royaume de

Dieu. Mais bien peu de fidèles ont poussé la mortification et le renoncement aussi loin que Siméon le Stylite (vers 390-459). Après s'être astreint à de sérieux régimes de prières, de jeûnes et de méditation, Siméon décida de se bâtir une colonne haute d'environ 3 mètres pour s'y réfugier, prétendant vouloir être plus proche de Dieu. Il y passa 37 ans de sa vie, debout, en prière sur son perchoir! Cette colonne, qu'il agrandit jusqu'à une hauteur de 25 mètres, avait au sommet une plateforme de 2 mètres de diamètre, que l'on pouvait atteindre à l'aide d'une échelle faite en corde. Pour tout mobilier: un poteau sur lequel Siméon s'appuyait lors de ses rares repos. Siméon s'est éteint à l'âge de 69 ans dans sa pieuse souffrance. Ses exploits ont voyagé et le Syrien Siméon devint Siméon le Stylite (du grec *stylos*, «colonne»). On érigea une église en sa mémoire et la tradition des martyrs stylites se perpétua jusqu'au milieu du XIXᵉ siècle.

Église catholique

Dans cette confession chrétienne, le pape exerce l'autorité suprême en matière de dogme et de morale. Comme l'indique son étymologie (en grec *katholikos* qui signifie «universel»), le catholicisme a un caractère d'universalité et ne fait pas de distinction entre les peuples et les races.

CROYANCES ET PRATIQUES

Les dogmes fondamentaux de la religion catholique sont résumés dans une profession de foi, le «credo». Les voici:

- Trinité (un Dieu unique en trois personnes: Père, Fils, Esprit);

- Incarnation (Jésus a deux natures, divine et humaine, en une seule personne);

- Rédemption (le sacrifice de Jésus a permis au monde d'être sauvé);

- Église (foi dans la catholicité et dans la mission apostolique de l'Église);
- Jugement dernier;
- Communion des saints (c'est-à-dire l'union mystique dans le Christ des âmes des saints et de celles des fidèles défunts et vivants);
- Baptême pour le pardon des péchés;
- Résurrection des corps et vie éternelle.

À ces dogmes fondamentaux, très peu ont été ajoutés au cours des siècles par décret pontifical. Parmi les dogmes définis au cours des âges, rappelons ceux de l'Immaculée Conception (1854), de l'infaillibilité papale en matière de dogme (1870) et de l'Assomption de la Vierge (1950).

MORALE, CATÉCHISME ET SACREMENTS

Commandements moraux. Il est indispensable de pratiquer les préceptes du Décalogue ou des Dix Commandements de Dieu, qui constituent le minimum de la vie morale. Les violations des commandements constituent des péchés. Les péchés les plus graves (ou mortels) amènent une rupture de la grâce avec Dieu. Un péché est dit véniel quand il y a transgression de la morale sur des points secondaires.

Péchés capitaux. Les sept péchés capitaux sont: l'orgueil, l'avarice, la gourmandise, l'envie, la luxure, la colère, la paresse.

Catéchisme. Ce livre présente un exposé synthétique des contenus fondamentaux de la doctrine catholique. Il comprend quatre parties: la profession de foi, les sept sacrements de l'Église, la vie dans le Christ (les commandements) et la prière du croyant (le Notre Père).

Sacrements[2]. Les sept sacrements sont des rites sacrés institués par Jésus-Christ pour produire ou augmenter la grâce dans les âmes. La grâce, c'est le don gratuit que Dieu fait de sa vie à chacun et chacune. Dans un sacrement, la grâce du Christ est donnée par l'Esprit qui unit l'Église au Christ et les hommes à l'Église.

Le **baptême** est le premier sacrement de l'initiation chrétienne. C'est le sacrement «de la régénération par l'eau et dans la parole». Baptiser veut dire immerger, plonger dans l'eau. Par le baptême, le croyant s'immerge symboliquement dans la mort pour renaître à la vie du Christ ressuscité. Ce sacrement est le fondement de toute la vie chrétienne. Car on ne naît pas chrétien, on le devient en se soumettant dans la foi à un rite, celui du baptême (chez les catholiques du moins), dont le Christ lui-même fut l'initiateur lorsqu'il se fit baptiser. Par le baptême, l'initié est libéré du péché et régénéré comme fils ou fille de Dieu. Il passe d'un monde sans Christ à la communauté des enfants de Dieu, à l'Église.

La **confirmation** vient confirmer aux yeux du monde ce choix de Dieu pour le nouveau baptisé. Ce sacrement ratifie, confirme le baptême. Il assimile, par l'onction d'huile, le chrétien au Christ (*Christos* renvoie à celui qui reçoit l'onction). Il remplit le croyant de la force du Saint-Esprit pour l'incorporer plus fermement au Christ, rendre plus solide sa filiation avec l'Église, lui permettre d'accomplir sa tâche missionnaire: répandre la foi par la parole et par l'action.

L'**eucharistie** est un sacrement essentiel pour les catholiques. Il commémore et perpétue le sacrifice du Christ. Par le partage du pain et du vin, l'eucharistie nourrit le disciple avec le Corps et le Sang du Christ en vue de sa transformation en Lui. La sainte eucharistie, qui complète l'initiation chrétienne, contient tout l'héritage spirituel de l'Église: le Christ lui-même.

---

2. Pour plus de détails sur les sacrements, consulter le *Catéchisme de l'Église catholique*, Conférence des Évêques catholiques du Canada, Ottawa, 1992.

Le **mariage** est un sacrement qui rappelle l'Alliance au cœur de l'histoire d'amour entre Dieu et les êtres humains. Cette alliance symbolisée par le mariage entre un homme et une femme dépasse largement ce cadre. En fait, c'est l'Église même qui est le véritable signe que Dieu a «épousé» l'humanité. Chaque mariage vient en quelque sorte réaffirmer ces noces éternelles.

L'**ordre** est le sacrement grâce auquel la mission confiée par le Christ à ses apôtres continue à s'exercer dans l'Église, et ce, jusqu'à la fin des temps. Il est donc le sacrement du ministère apostolique. Il donne aux prêtres et aux évêques le pouvoir de célébrer la messe, qui est le renouvellement du sacrifice du corps et du sang de Jésus-Christ offerts sur l'autel.

La **pénitence** est la célébration du pardon, de la réconciliation du pécheur. Le Christ a confié la responsabilité de ce sacrement à son Église en lui donnant le pouvoir d'effacer les péchés des fidèles qui s'en repentent. Ce sacrement réactualise l'Alliance quand celle-ci a été remise en cause par l'attitude du chrétien pécheur. Il est appelé sacrement de la confession, car l'aveu des péchés devant le prêtre en est une composante essentielle. La pénitence veut dire aussi la réconciliation puisqu'elle donne au pécheur l'amour de Dieu qui réconcilie.

L'**onction des malades** est réservée à ceux et à celles qui, dans les souffrances, les maladies et les difficultés, doivent lutter pour rester fidèles à l'Alliance, pour ne pas se révolter contre Dieu et se replier sur eux-mêmes. Pendant longtemps, on l'a appelé le sacrement de l'extrême-onction et on l'a réservé aux mourants. Il s'agit d'appeler sur la personne qui le reçoit la guérison du corps, la force de l'âme, l'apaisement des souffrances et le pardon des péchés. Ce sacrement célèbre en quelque sorte l'amitié de Dieu pour quelqu'un qui serait tenté d'en douter.

Calendrier des fêtes

Épiphanie. Premier dimanche après le 1er janvier. Fête d'origine orientale où l'on célèbre le baptême de Jésus. En Occident, on commémore surtout la visite des Rois mages.

Carême. Quarante jours de préparation à Pâques. Le carême débute par une journée de jeûne, le mercredi des Cendres (où le prêtre marque de cendres le front des fidèles pour leur rappeler qu'ils sont «poussière» et les inviter à la pénitence) et se termine le Samedi saint. Les 1er, 2e, 3e, 4e et 5e dimanches du carême sont suivis du dimanche des Rameaux.

Dimanche des Rameaux. Sept jours avant Pâques. Ce dimanche est appelé ainsi en raison des rameaux tenus à la main au cours de la procession; ceux-ci rappellent les branches brandies par le peuple le jour où Jésus est entré solennellement à Jérusalem. Ce dimanche marque le début de la Semaine sainte.

Pâques. Entre le 22 mars et le 25 avril. C'est la plus grande fête chrétienne puisqu'elle commémore la résurrection du Christ. Ce dimanche exceptionnel est précédé du Jeudi saint, qui rappelle le dernier repas de Jésus avec ses disciples, et du Vendredi saint, où l'on célèbre la Passion du Seigneur (crucifixion et mort de Jésus).

Ascension (de Jésus au Ciel). Les chrétiens célèbrent le Christ qui retourne auprès de son père quarante jours après Pâques (toujours un jeudi).

Pentecôte. La Pentecôte a lieu dix jours après l'Ascension, donc cinquante jours après Pâques. On célèbre le jour où les apôtres ont reçu l'Esprit de Dieu.

Toussaint. Fête de tous les saints; elle a lieu le 1er novembre.

Avent. Quatre semaines de préparation à Noël.

Noël. Le 25 décembre. Date retenue comme fête de la naissance de Jésus.

ORGANISATION DE L'ÉGLISE CATHOLIQUE

L'Église catholique est organisée en un corps hiérarchisé sous l'autorité d'un souverain pontife, le pape, héritier des privilèges conférés par Jésus-Christ à son apôtre Pierre.

Le pape, pontife suprême de l'Église universelle en tant qu'évêque de Rome, est élu par le conclave des cardinaux (eux-mêmes désignés par le pape). Ils constituent le Sacré-Collège et administrent l'Église.

L'Église catholique est divisée en diocèses, dont chacun est confié à un évêque désigné par le pape. Lorsque plusieurs diocèses sont regroupés, ils constituent alors un archevêché, que dirige un archevêque. Les diocèses se subdivisent en paroisses, chacune étant régie par un curé (éventuellement assisté d'un vicaire).

Le concile œcuménique est l'assemblée, convoquée par le pape, de tous les évêques du monde entier. L'objet des délibérations et des décisions du concile est de portée universelle. L'autorité des conciles, toute importante qu'elle soit, n'est pas au-dessus de l'autorité du pape: elle dépend du souverain pontife, qui doit sanctionner tous les décrets conciliaires. Le concile œcuménique est sous la présidence du pape ou de ses légats. On désigne les conciles par le nom du lieu où les évêques se sont réunis. Les catholiques en comptent vingt et un. À partir du huitième concile, les orthodoxes dénient à ces réunions leur qualité œcuménique.

Les conciles œcuméniques (ville, année)

Nicée, 325. Condamnation d'Arius, un prêtre d'Alexandrie, qui nie la divinité du Christ. Le concile proclame la divinité du Fils de Dieu. Fixation de la date de Pâques. Rédaction du Symbole de Nicée.

Constantinople I, 381. Condamnation des Macédoniens qui nient la divinité et la consubstantialité du Saint-Esprit (unité et identité de substance des trois personnes de la Trinité divine).

Éphèse, 431. Condamnation de Nestorius, patriarche d'Alexandrie, qui nie que Marie soit la mère de Dieu. Affirmation que Jésus est à la fois homme et Dieu.

Chalcédoine, 451. Définition des deux natures du Christ (divine et humaine) et condamnation du monophysisme, une théorie selon laquelle il y a dans le Christ non pas deux natures, la divine et l'humaine, mais une seule, la divine; autrement dit, le Christ n'est pas à la fois Dieu et homme, mais seulement Dieu. On renforce la juridiction de l'évêque de Constantinople.

Constantinople II, 553. Condamnation de l'origénisme (doctrine tirée de l'œuvre d'Origène, un théologien grec à qui l'on reprochait, notamment, d'avoir enseigné l'éternité du monde spirituel et la préexistence des âmes). Confirmation des quatre premiers conciles œcuméniques.

Constantinople III, 680-681. Condamnation du monothélisme[3] et définition dogmatique des deux volontés du Christ.

Nicée, 787. Condamnation des iconoclastes qui détruisent les images. On autorise et conseille des représentations de Dieu, de la Vierge et des saints.

Constantinople IV, 869-870. Condamnation de Photius, patriarche de Constantinople. Réaffirmation de la primauté de Rome. Définition de règles sur l'ordination des évêques.

Latran I (Rome), 1123. Retrait du droit des investitures (nomination des évêques) par l'empereur.

---

3. Le monothélisme affirme que le Christ a bien deux natures mais une seule volonté.

Latran II, 1139. Condamnation de la simonie (trafic des biens sacrés) et de l'usure. On prêche aux clercs la continence.

Latran III, 1179. Condamnation des Albigeois (les Cathares) et des Vaudois. Réglementation des élections pontificales. Réforme de la morale.

Latran IV, 1215. Condamnation des erreurs de Joachim sur la Trinité. Définition de la transsubstantiation (transformation de la substance du pain et du vin en celle du corps et du sang de Jésus-Christ dans l'eucharistie). Proclamation de nombreux décrets: confession annuelle, communion pascale, etc.

Lyon I, 1245. Excommunication de l'empereur Frédéric II qui empiète sur les droits de l'Église en Italie. Trêve ou paix de quatre ans dans la chrétienté. Organisation d'une nouvelle croisade sous saint Louis.

Lyon II, 1274. Tentative de rapprochement avec l'Église orthodoxe.

Vienne, 1311-1312. Condamnation de l'Ordre des Templiers.

Constance, 1414-1418. Fin du schisme d'Occident par l'élection du pape Martin IV. Condamnation de John Wyclif qui rejette l'autorité des évêques, le culte des saints, les cérémonies et les vœux. Condamnation de Jan Hus qui reprend les thèses de Wyclif.

Florence, 1439-1443. Essai de rapprochement avec l'Église orthodoxe.

Latran V, 1512-1517. Tentative de réforme du clergé.

Trente, 1545-1563. Déclaration de la *Vulgate*, traduction latine de la Bible, comme seul texte authentique pour la théologie. Définition d'importants points de doctrine sur le péché originel, le purgatoire, les sept sacrements, etc.

Vatican I, 1869-1870. Proclamation de l'infaillibilité du pape. Définition de la position de l'Église sur la foi et le rationalisme.

Vatican II, 1962-1965. Premier concile à ne pas prononcer de condamnation doctrinale. Affirmation de la collégialité de l'Épiscopat. Promulgation de quatre constitutions (mystère de l'Église, révélation, liturgie, dialogue avec le monde). Mise à jour (*aggiornamento*) de l'Église.

Statistiques sur les papes

- **Nationalité.** Sur 264 papes, 208 furent italiens, dont 112 romains. Cette surreprésentation s'explique par le fait que, pendant les premiers siècles de l'Église, seuls le peuple et le clergé de Rome votaient. Aujourd'hui, les cardinaux élisent le pape, soit par acclamation s'ils se sont mis d'accord à l'unanimité sur le choix de l'élu, soit par scrutin aux deux tiers des suffrages exprimés plus un (voix supplémentaire exigée depuis 1946 par Pie XII). Cinquante-six papes furent étrangers, dont 15 Grecs, 15 Français, 6 Allemands, 6 Syriens, 2 originaires de l'actuel Israël, 2 Africains, 1 Portugais, 1 Anglais, 1 Néerlandais et 1 Polonais (Jean-Paul II). Le dernier pape non italien avant Jean-Paul II fut le Néerlandais Adrien VI (1522-1523).

- **Le plus jeune pape.** Benoît IX, qui vécut au XIe siècle, n'était âgé que de vingt-trois ans au moment de sa mort. Pourtant, il était en poste depuis douze ans, ayant accédé à la papauté à l'âge de onze ans!

- **Le pape le plus âgé.** Léon XIII meurt à l'âge de 93 ans 140 jours.

- **Le pape le plus déterminé.** Sixte Quint (1585-1590) prit tous les moyens pour accéder à la papauté. Il fit courir la rumeur que sa santé était chancelante: il se traînait misérablement avec une béquille, la tête penchée, la voix basse, et avec une toux caverneuse. Le conclave le désigna le 24 avril 1585, croyant nommer un pape dont le pontificat serait paisible et bref. À peine le scrutin dépouillé, Sixte Quint jeta sa béquille au sol et entonna un *Te Deum* d'une voix à fracasser les vitres!

- Le seul pape à abdiquer. À la suite du décès de Nicolas IV en 1292, deux années ont été nécessaires aux cardinaux pour lui désigner un successeur. Le choix s'arrêta finalement sur Pierre Célestin, dit du Morrone, un ermite âgé de 79 ans porté malgré lui au pontificat au moment où l'Église traversait une grave crise. Célestin V était trop âgé, trop inexpérimenté et trop indécis pour diriger l'Église. Il abdiqua après cinq mois de pontificat, sous la pression du futur Boniface VIII.

- Le seul pape anglais. Nicolas Breakspear, né dans le Hertfordshire en 1100, fut choisi en 1154 et prit le nom d'Adrien IV.

- Le seul pape à être exhumé. Formose (891-896). Mort en 896, il fut exhumé neuf mois plus tard sur l'ordre de son successeur Boniface VI. Pour se venger d'avoir été reconnu coupable de parjure et d'ambitions démesurées, le pape lui fit un procès. Le cadavre, vêtu de ses attributs papaux, fut installé au banc des accusés. Reconnu coupable, ses décrets et ses ordinations furent invalidés. Plus tard, un ermite repêcha le cadavre des eaux du Tibre et lui fit une sépulture convenable. Ces excès révoltèrent les partisans du défunt. Boniface VI finit en prison où il fut assassiné après un pontificat de quinze jours.

- Le plus long pontificat: trente-quatre ans! L'honneur revient à saint Pierre, premier pape de la chrétienté. Suit Giovanni Maria Mastai-Ferretti, dit Pie IX, dont le pontificat dura trente et un ans et sept mois (1846 à 1878).

- Le pontificat le plus court: quatre jours! Ce fut la durée de pontificat d'Étienne II, en 752. Suit Urbain VII, dont le pontificat ne dura que treize jours.

• Les papes et les prophéties de saint Malachie. Malachie était un primat irlandais (1094-1148), célèbre pour ses connaissances héraldiques et astrologiques. On lui attribue la *Prophétie sur les papes*. Il s'agit d'une série de définitions résumant en quelques mots la personnalité d'un pape ou l'histoire de son règne. Même si certaines formules tombent assez juste, l'Église ne s'est pas prononcée sur l'authenticité de ces prophéties, mais elle ne les a pas condamnées non plus. En voici quelques-unes.

Pie VI	Peregrinus apostolicus	Voyageur apostolique
Pie VII	Aquila Rapax	L'aigle ravisseur
Léon XII	Canis et Coluber	Chien et serpent
Pie VIII	Vir religiosus	Un homme religieux
Grégoire XVI	De Balneis Etruriæ	De Balnès en Étrurie
Pie IX	Crux de Cruce	Une croix issue de la Croix
Léon XIII	Lumen in Cælo	Une lumière dans le ciel
Pie X	Ignis ardens	Le flambeau ardent
Benoît XV	Religio depopulata	La religion décimée
Pie XI	Fides intrepida	La foi intrépide
Pie XII	Pastor et Nauta	Pasteur et marin
Jean XXIII	Flos Florum	La fleur des fleurs
Jean-Paul II	De labore solis	Des souffrances causées par le soleil
X*	De gloria Olivæ	La gloire de l'olivier
	Petrus Romanus	Pierre le Romain

* Après Jean-Paul II, la prophétie ne désigne que deux papes: Gloria Olivae et Petrus Romanus, sous le règne duquel Rome sera détruite et l'humanité paraîtra devant le Juge.

• Le premier roman béni par un pape: le best-seller *Ben-Hur* de Lew Wallace, publié en 1880.

Grand Schisme (1378-1417)

De 1309 à 1377, les papes séjournèrent à Avignon. En 1378, Urbain VI fut élu par les cardinaux, sous la pression des foules romaines qui refusaient un pape français. Le pape revint à Rome.

Quatre mois plus tard, douze cardinaux s'enfuirent, affirmant que l'élection n'était pas libre, et élirent le pape Clément VII, un Français qui s'installa à Avignon. Il y eut donc en même temps deux papes, l'un à Avignon, l'autre à Rome. Chacun se déclarait seul légitime et excommuniait l'autre.

Le concile réuni à Pise, en Italie (1409), pour trancher le conflit ne fit que l'aggraver. Il déposa les deux papes et nomma un troisième: Alexandre V, à qui succéda Jean XXIII (le premier du nom). Les deux premiers papes refusèrent de céder, et il y eut alors trois papes au lieu de deux! Un nouveau concile se réunit à Constance, en 1417. Jean XXIII et l'antipape Grégoire XII abdiquèrent. L'autre antipape fut déposé. Martin V fut finalement élu pape et reconnu par la chrétienté.

Encycliques

L'encyclique est une lettre solennelle adressée par le pape aux évêques et destinée à l'ensemble du peuple chrétien. Depuis Jean XXIII, elle s'adresse aussi aux non-chrétiens. Écrite en latin, elle est désignée par les deux ou trois premiers mots du texte. Elle porte sur un point important de la foi ou encore demande des prières publiques ou certaines dévotions. Une encyclique n'engage toutefois pas l'infaillibilité du pape. Voici une liste de quelques encycliques importantes.

- *Miravi vos*, de Grégoire XVI, contre le libéralisme, la liberté de conscience et la liberté de la presse (1832).

- *Ineffabilis Deus*, de Pie IX, concernant le dogme de l'Immaculée Conception (1854).

- *Nostris et nobiscum*, de Pie IX, contre le socialisme et le communisme (1854).

- *Rerum novarum*, de Léon XIII, sur la condition ouvrière (1891).

- *Pascendi dominici gregis*, de Pie X, contre le modernisme (1907).

- *Miserentissimus Redemptor*, de Pie XI, traitant du culte du Sacré-Cœur et de la réparation des péchés par l'expiation (1928).

- *Casti connubii*, de Pie XI, sur le mariage chrétien (1930).

- *Divino afflante Spirito*, de Pie XII, encourageant la traduction de la Bible en langue vulgaire et sa lecture pour tous (1943).

- *Mediator Dei*, de Pie XII, sur le renouveau liturgique (1947).

- *Mater et Magistra*, de Jean XXIII, sur la justice sociale (1961).

- *Pacem in terris*, de Jean XXIII, sur les rapports entre les hommes et les communautés politiques (1963).

- *Mysterium fidei*, de Paul VI, sur l'Eucharistie (1965).

- *Populorum progressio*, de Paul VI sur le développement des peuples (1967).

- *Humanae vitae*, de Paul VI, sur la régulation des naissances (1968).

- *Redemptor homini*, de Jean-Paul II, sur la dignité de l'être humain (1979).

- *Christi fideles laici*, de Jean-Paul II, sur les laïcs (1989).

- *Centesimus annus*, de Jean-Paul II, contre les excès du capitalisme (1991).

Insignes du pape

Pour marquer leur autorité suprême, les papes ont revêtu au fil des siècles des insignes honorifiques. Parmi ces emblèmes distinctifs, on trouve l'anneau du pêcheur, les clés de saint Pierre, la soutane blanche et la tiare. Voici leur signification de même que l'usage qu'on en a fait au fil du temps.

Anneau du pêcheur. Chaque évêque porte au doigt un anneau pastoral, symbole de son Alliance avec l'Église. Sur l'anneau du pape figure saint Pierre jetant son filet, évoquant ainsi la phrase du Christ: «Désormais, tu seras pêcheur d'hommes.» Cet anneau a longtemps servi à sceller des actes officiels du souverain pontife (bulles, brefs apostoliques, etc.). Selon l'usage, il est détruit à la mort du pape avec un marteau et une enclume en or.

Clés de saint Pierre. Saint Pierre possède deux clés: l'une est d'or et l'autre, d'argent. Elles symbolisent le pouvoir spirituel (or) et le pouvoir temporel (argent) des papes. Elles figurent sur les armes de l'Église romaine, le blason et le sceau de l'État pontifical ainsi que sur le drapeau du Vatican.

Soutane blanche: Cette robe blanche est portée depuis le pontificat de saint Pie V (1566-1572). Avant lui, le pape était vêtu de rouge comme ses cardinaux. Lors de son élection pontificale, Pie V, qui était dominicain et qui portait la robe blanche de cet ordre, tint à la conserver par fidélité à l'esprit de celui-ci. Ses successeurs l'ont imité.

Tiare. Haute coiffe conique blanche entourée de trois couronnes. Au cours des siècles, elle avait revêtu le caractère d'un signe de l'autorité suprême du pape. Puis, au XIVe siècle, elle est devenue l'un des emblèmes du Saint-Siège. Elle figure dans les armoiries pontificales en même temps que les clés de saint Pierre. Cette coiffure non liturgique fut portée jusqu'au pape Jean XXIII (1963). Paul VI n'a porté qu'une fois la tiare, soit le jour de son couronnement. Jean-Paul Ier et Jean-Paul II ont refusé de porter la tiare, même le jour de leur intronisation, par souci de ne pas se présenter comme des monarques absolus.

COMMENT ÊTRE CANONISÉ

Pour être canonisé, c'est-à-dire pour être considéré officiellement comme faisant partie des saints, vous devez d'abord être mort! Bien sûr, il faut davantage: vous devez avoir mené une vie suffisamment vertueuse.

Depuis le XIIIe siècle, l'Église catholique romaine soumet la canonisation à des règles et à des procédures très strictes.

Désormais, la décision appartient à l'un des services du Vatican, soit la Congrégation pour la cause des saints. (Dans l'Église orthodoxe, la décision est prise à l'échelle locale: un évêque peut décider lui-même d'une canonisation.)

Pour qu'il y ait canonisation, il faut d'abord que la candidate ou le candidat soit déclaré «vénérable»; autrement dit, il faut que la vie de cette personne ait été exemplaire. Ensuite, vient la béatification, qui est un acte d'autorité pontificale par lequel une personne défunte est mise au nombre des bienheureux. C'est une sorte de préliminaire à la canonisation. Le procès de béatification est le suivant. Des évêques diocésains enquêtent sur la vie, les vertus ou le martyr de ceux dont la béatification ou la canonisation est désirée. L'évêque envoie à la Congrégation les pièces de l'enquête (actes et documents). À Rome, un rapporteur prépare le dossier sur les vertus ou le martyr. Habituellement, plusieurs années d'études s'écoulent avant que le verdict soit prononcé. Si les membres de la Congrégation donnent finalement un avis favorable, le pape ordonne la tenue d'une cérémonie de béatification à la basilique Saint-Pierre de Rome.

Pour qu'il y ait canonisation, il faut qu'un miracle soit accordé au candidat ou à la candidate après sa béatification. La durée du procès de canonisation peut aussi s'étaler sur plusieurs années. Jeanne d'Arc, par exemple, fut canonisée en 1920, 489 ans après sa mort!

Les bienheureux ont droit à un culte dans une église particulière ou dans une congrégation religieuse. Les saints sont l'objet d'un culte pour l'Église universelle.

C'est pour saint Antoine de Padoue que la durée du procès de canonisation fut la plus courte: 352 jours (du 13 juin 1231 au 30 mai 1232). Saint Bernard de Thiron, quant à lui, détient les honneurs du plus long procès: 744 ans (de 1117 à 1861).

QUELQUES CAS AU CANADA

Les vénérables

Dina Bélanger, sœur de Jésus-Marie de Sillery

Vital Grandin, o.m.i., évêque de Saint-Albert, en Alberta

Les bienheureux

Frère André (1845-1937). André Bessette exerce plusieurs métiers avant de devenir religieux de Sainte-Croix, sous le nom de frère André. Pendant presque quarante ans, il est portier au collège Notre-Dame. Il porte une dévotion particulière à saint Joseph, et son grand rêve est d'ériger un sanctuaire en son honneur sur les flancs du mont Royal. Son rêve est finalement devenu réalité: l'oratoire Saint-Joseph.

Marie-Rose Durocher (1811-1849). Eulalie Durocher, cadette et dixième enfant de la famille, naît à Saint-Antoine-sur-Richelieu. Première présidente de la congrégation mariale des jeunes filles, celles qu'on appelle les «Enfants de Marie», son zèle et son sens de l'organisation retiennent l'attention de Mgr Bourget, qui est à la recherche d'une directrice pour une nouvelle congrégation d'enseignantes. En octobre 1843, les Sœurs des Saints Noms de Jésus et de Marie commencent l'œuvre sous sa direction. Elle meurt à l'âge de trente-huit ans.

Frédéric Janssoone (1838-1916). Le bon père Frédéric est originaire de la Flandre française, de Ghyvelde. Il entre chez les Franciscains à l'âge de vingt-six ans; ordonné prêtre à trente-deux ans, il devient aumônier militaire pendant la guerre franco-allemande de 1870. Pendant douze ans, il séjourne en Terre sainte. Il est envoyé au Canada comme délégué, en vue de l'établissement de la quête du Vendredi saint, en faveur des œuvres en Terre sainte. Le 24 août 1881, il arrive à Québec, où il fera une profonde impression sur la population. Le 4 avril 1888, il est nommé responsable du Commissariat de Terre sainte au Canada, qui est situé à Trois-Rivières. Le père Frédéric a été béatifié par Jean-Paul II, le 25 septembre 1988.

Marie de l'Incarnation (1599-1672). Aspirant à la vie religieuse dans sa jeunesse, Marie Guyart épouse finalement Claude Martin sur les conseils des siens. Deux ans plus tard, devenue veuve, elle consacre sa vie à l'éducation de son fils Claude. Elle gère en même temps l'expédition des marchandises sur les quais de la Loire, pour le compte de son beau-frère. Un jour, elle confie son fils à des amis et entre chez les Ursulines. En 1639, elle arrive à Québec pour fonder un couvent d'Ursulines, avec la mission d'éduquer les jeunes Françaises et Amérindiennes.

François de Montmorency de Laval (1623-1708). François de Laval naît à Montigny-sur-Avre dans le diocèse de Chartres. Devenu prêtre, il est pressenti pour les missions du Viêtnam, mais cette démarche n'aboutit pas. En 1658, il est nommé vicaire apostolique de la Nouvelle-France et débarque à Québec, en 1659. En 1674, il devient le premier évêque de Québec. Il fonde le Séminaire de Québec et mène une lutte acharnée contre la vente des boissons alcooliques aux Amérindiens.

Louis-Zéphyrin Moreau (1824-1901). Originaire de Bécancour, Louis-Zéphyrin est, pendant plusieurs années, secrétaire de plusieurs évêques du diocèse de Saint-Hyacinthe. Puis, il est à son tour nommé évêque de ce diocèse. Avec la collaboration d'Élisabeth Bergeron, il fonde la congrégation des Sœurs de Saint-Joseph de Saint-Hyacinthe.

Marie Léonie Paradis (1840-1912). Marie Léonie entre très jeune chez les Sœurs Marianites de Sainte-Croix. Elle est envoyée en mission aux États-Unis, puis à Memramcook, au Nouveau-Brunswick.

Marie-Catherine de Saint-Augustin (1632-1668). En 1647, Marie-Catherine devient religieuse hospitalière. En 1650, elle part pour la Nouvelle-France. Elle est béatifiée le 23 avril 1989.

Les éventuels vénérables, bienheureux et saints

Voici les noms de ceux et de celles qui en sont à la première étape, soit à l'étude par les évêques diocésains.

- Rosalie Cadron-Jetté, fondatrice des Sœurs de la Miséricorde
- Aurélie Caouette, fondatrice des Sœurs adoratrices du Précieux-Sang
- L'Amérindien Joseph Chiwatenhwa
- Marie Fitzbach, fondatrice des Sœurs du Bon-Pasteur de Québec
- Théofane Léo (Adolphe Châtillon), des Frères des Écoles chrétiennes
- Marcelle Mallet, fondatrice des Sœurs de la Charité de Québec
- Paul-Émile Martel, scolastique des Frères du Sacré-Cœur
- Vénérance Morin, des Sœurs de la Providence
- Didace Pelletier, franciscain
- Eugène Prévot, fondateur de la Fraternité sacerdotale
- Élisabeth Turgeon, fondatrice des Sœurs de Notre-Dame du Saint-Rosaire de Rimouski
- Georges-Philéas Vanier, ancien gouverneur général

Voici les candidates et les candidats canadiens déjà introduits à Rome, mais qui n'ont pas encore le titre de vénérable.

- Élisabeth Bergeron, fondatrice des Sœurs de Saint-Joseph de Saint-Hyacinthe
- Marie-Anne Blondin, fondatrice des Sœurs de Sainte-Anne
- Élisabeth Bruyère, fondatrice des Sœurs de la Charité d'Ottawa
- Ovide Charlebois, o.m.i., évêque de Keewatin
- Émilie Gamelin, fondatrice des Sœurs de la Charité de la Providence

- Antoine Kowalczyk, o.m.i.
- Jérôme Le Royer de La Dauversière, cofondateur de Montréal
- Jeanne Mance
- Alfred Pampalon, rédemptoriste
- Gérard Raymond, séminariste de Québec
- Marie-Clément Staub, assomptionniste et fondateur des Sœurs de Sainte-Jeanne-d'Arc
- Délia Tétreault, fondatrice des Sœurs missionnaires de l'Immaculée Conception

ORDRES RELIGIEUX

Le clergé séculier (les prêtres chargés du sacerdoce ministériel) se distingue du clergé régulier qui se compose de communautés religieuses d'hommes et de femmes s'engageant par des vœux à vivre dans l'observance d'une règle. Chaque communauté a sa règle particulière qui lui a été donnée par son fondateur selon la mission qu'il lui a assignée. Les principaux ordres sont les suivants.

Congrégations et ordres masculins (présents au Québec)

Assomptionnistes. Congrégation sacerdotale fondée en 1850, à Nîmes, par l'abbé Emmanuel d'Alzon. Au Québec depuis 1917.

Bénédictins. Ordre fondé vers 529 par saint Benoît de Nursie et dont le monastère du mont Cassin (Italie) fur le berceau. La vie de son monastère, tracée par la règle qu'il avait rédigée (il fait de la liturgie et du travail des mains et de l'esprit la vocation propre de l'ordre), influença tous les moines de l'Occident. Supprimé en France sous la Révolution, l'ordre fut restauré en 1830 par dom Prosper Guéranger, abbé de Solesnes, et réorganisé en 1893 par Léon XIII. Ordre établi à Saint-Benoît-du-Lac, en 1912.

Capucins. Branche de l'ordre des Franciscains fondée en 1525 par Fra Matteo de Bascio, à Pise. Leur nom vient du capuchon long et pointu inspiré de l'iconographie de saint François.

Carmes. Ordre contemplatif fondé en Terre sainte vers 1187.

Clercs de Saint-Viateur. Congrégation fondée en 1831, à Vourles (France), par le père Louis Querbes. Au Québec depuis 1847.

Dominicains. Fondés en 1216 par saint Dominique à Toulouse (France). Les Dominicains sont spécialisés dans l'étude et l'enseignement de la théologie. Au Québec depuis 1873.

Eudistes. Société de vie apostolique fondée en 1643 à Caen par saint Jean Eudes.

Franciscains. Fondés en 1209, en Italie, par saint François d'Assise.

Frères de l'Instruction chrétienne. Congrégation religieuse laïque fondée en 1819, à Saint-Brieuc (France), par les abbés de La Mennais et Deshayes. Au Québec depuis 1886.

Frères de la Charité. Institut religieux fondé à Gand (Belgique), en 1807, par le chanoine Pierre-Joseph Triest. Au Québec depuis 1865.

Frères du Sacré-Cœur. Congrégation religieuse fondée en 1821, à Lyon, par le père André Coindre. Au Québec depuis 1872.

Frères des Écoles chrétiennes. Congrégation religieuse laïque fondée en 1682, à Reims (France), par saint Jean-Baptiste de La Salle. Au Québec depuis 1837.

Frères Maristes. Fondés en 1817, à Lavalla (France), par le bienheureux Marcellin Champagnat. Au Québec depuis 1885.

Jésuites (Compagnie de Jésus). En 1540, le Saint-Siège approuve la Compagnie de Jésus fondée en 1534 par Ignace de Loyola, jeune noble basque espagnol (1491-1556). La Compagnie se met à la disposition des papes et est chargée de mener la lutte contre la Réforme protestante. En 1773, Clément XIV dissout la Compagnie sous la pression des grandes cours d'Europe, notamment celle d'Espagne hostile à son influence sur les Autochtones de l'Amérique latine. L'ordre est rétabli en 1814 par Pie VII. Au Québec depuis 1625.

Oblats de Marie-Immaculée. Congrégation missionnaire, fondée en 1816, à Aix-en-Provence, par Mgr Eugène de Mazenod et spécialisée dans les missions en Océanie ainsi que dans les régions arctiques. Au Québec depuis 1841.

Pères Blancs d'Afrique (aujourd'hui Missionnaires d'Afrique). Fondée en 1868 à Alger par le cardinal Charles Lavigerie, cette société est spécialisée dans l'apostolat en pays d'Islam et en Afrique noire. Au Québec depuis 1901.

Pères du Saint-Sacrement. Congrégation sacerdotale fondée en 1856, à Paris, par saint Pierre-Julien Eymard. Au Québec depuis 1890.

Pères Maristes. Fondés en 1822, à Lyon, par le père Jean-Claude Colin. Au Québec depuis 1929.

Prêtres de Saint-Sulpice. Association de prêtres fondée en 1641, à Paris, par Jean-Jacques Olier. Les Sulpiciens se consacrent à l'instruction des jeunes ecclésiastiques. Au Québec depuis 1657.

Rédemptoristes. Fondés en 1732, à Scala (Italie), par saint Alphonse-Marie de Liguori. Au Québec depuis 1872.

Salésiens. Fondés en 1859, à Turin (Italie), par saint Jean Bosco.

Trappistes (Cisterciens). Fondés à Cîteaux (France) par saint Robert de Molesmes en 1098 (Cisterciens), puis réformés par l'abbé Rancé de la Trappe au XVIIe siècle (d'où le nom de Trappistes). Au Québec depuis 1881.

Congrégations et ordres de femmes (présents au Québec)

Augustines de la Miséricorde de Jésus. Fondées en 1055 à Dieppe (France). Au Québec depuis 1639.

Bénédictines (Moniales). Fondées au VIIe siècle, à Piumarola (Italie), par sainte Scholastique, sœur de saint Benoît.

Carmélites. Rattachées à l'ordre masculin des Carmes. Fondées en 1451 par saint Jean de Soreth, réformées par sainte Thérèse d'Avila au XVIe siècle. Au Québec depuis 1875.

Clarisses ou **Ordre des Sœurs pauvres.** Fondées en 1212, à Assise (Italie), par sainte Claire. Au Québec depuis 1902.

Congrégation des Oblates de Béthanie. Fondée en 1901, à Paris, par un Canadien, le père Eugène Prévost. Au Québec depuis 1933.

Filles du Calvaire. Fondées en 1842, à Lyon, par madame Garnier.

Filles de la Charité de Saint-Vincent-de-Paul. Fondées en 1633, à Paris, par saint Vincent de Paul et sainte Louise de Marillac. Au Québec depuis 1948.

Petites Franciscaines de Marie. Fondées en 1889, à Worcester (Massachusetts), par Marie-Louise Rondeau, Marie-Anne Bibeau et neuf compagnes. Au Québec depuis 1896.

Petites Sœurs des Pauvres. Fondées en 1839, à Saint-Servan (France), par la bienheureuse Jeanne Jugan. Au Québec depuis 1887.

Religieuses du Sacré-Cœur. Fondées en 1800, à Paris, par sainte Madeleine-Sophie Barat.

Sœurs de la Divine Providence. Fondées en 1762 par Jean Martin Moye.

Sœurs de Notre-Dame de Charité du Bon-Pasteur. Fondées en 1641, à Caen (France), par saint Jean Eudes.

Ursulines. Fondées en 1535, à Brescia (Italie), par sainte Angèle Merici. Au Québec depuis 1639.

Quelques ordres religieux d'origine québécoise

Congrégation de Notre-Dame. Fondée en 1658, à Montréal, par Marguerite Bourgeoys. But: éducation des jeunes Canadiennes et Amérindiennes de la colonie naissante.

Filles Réparatrices du Divin-Cœur. Société fondée en 1928, à Montréal, par le chanoine Jules-Alcibiade Bourassa et mère Marie-Jeanne. But: œuvres de miséricorde.

Petites Filles de Saint-Joseph. Institut fondé en 1857, à Montréal, par Antoine Mercier, sulpicien, et mère Julie. But: service temporel du clergé.

Société des Missions étrangères. Fondée en 1921 par l'épiscopat québécois. But: missions en pays étrangers, établissement des clergés autochtones.

Sœurs adoratrices du Précieux-Sang. Congrégation fondée en 1861, à Saint-Hyacinthe, par Mgr LaRocque et mère Aurélie (née Caouette). But: vie contemplative.

Sœurs de la Charité de Montréal (voir Sœurs Grises).

Sœurs de la Providence. Congrégation fondée en 1843, à Montréal, par Mgr Ignace Bourget et mère Gamelin. But: assistance aux pauvres, aux orphelins et aux malades; éducation.

Sœurs de l'Assomption de la Sainte-Vierge. Congrégation fondée en 1853, à Saint-Grégoire-de-Nicolet, par l'abbé Jean Harper. But: enseignement.

Sœurs de Miséricorde. Institut fondé en 1848, à Montréal, par Mgr Bourget et Rosalie Cadron-Jetté (1794-1864), originaire de Lavaltrie. But: préservation morale et soin des enfants abandonnés.

Sœurs de Notre-Dame-du-Bon-Conseil. Congrégation fondée en 1894, à Chicoutimi, par Mgr M.-T. Labrecque et mère Marie du Bon-Conseil. But: éducation.

Sœurs de Notre-Dame-du-Perpétuel-Secours. Congrégation fondée en 1892, à Saint-Damien-de-Buckland, par l'abbé J.-O. Brousseau et mère Saint-Bernard. But: éducation des jeunes et soin des vieillards.

Sœurs Grises (ou Sœurs de la Charité de l'Hôpital général de Montréal). Communauté fondée en 1737, à Montréal, par sainte Marguerite d'Youville, qui prit en main l'hôpital des frères Charon fondé en 1694. But: soin des vieillards, des infirmes et des orphelins; éducation. Cet ordre donna naissance à trois autres communautés: Sœurs Grises de Saint-Hyacinthe en 1840; Sœurs Grises de la Croix d'Ottawa en 1845 et Sœurs Grises de la Charité de Québec en 1849 par mère Mallet.

Sœurs missionnaires de l'Immaculée Conception. Institut fondé en 1902, à Montréal, par Délia Tétreault. But: propagation de la foi chez les infidèles.

Sœurs missionnaires de Notre-Dame des Anges. Congrégation fondée en 1919, à Sherbrooke, par mère Marie du Sacré-Cœur et mère Marie-Gabriel. But: missions en Chine.

Sœurs missionnaires du Christ-Roi. Congrégation fondée en 1928, à Gaspé, par Mgr F.-X. Ross et Frédérica Giroux (mère Marie du Sacré-Cœur). But: vie active et contemplative; évangélisation des infidèles.

Sœurs oblates franciscaines de Saint-Joseph. Congrégation fondée en 1945, à Montréal, par Marie-Anne Lavallée (mère Marie-Joseph de la Providence). But: aide aux pauvres et éducation en milieu rural.

QUELQUES STATISTIQUES

- Selon le Vatican, il y aurait 944 millions de catholiques dans le monde. Le catholicisme est, de toutes les confessions chrétiennes, celle qui regroupe le plus de fidèles. La grande majorité des catholiques sont de rite romain et suivent la liturgie romaine. Mais il y a aussi des branches de rites byzantin, copte, etc.

- San Marino, minuscule enclave au sein de l'Italie, a le plus fort pourcentage de catholiques. Sur 23 000 citoyens, 99,85 % sont des catholiques.

PRATIQUE RELIGIEUSE AU CANADA

- En 1991, on comptait 12,3 millions de catholiques au Canada, soit un million de plus qu'en 1981. Par ailleurs, on dénombrait près de 11 000 prêtres en 1991, soit 2000 de moins qu'une décennie plus tôt.

- Les catholiques forment le plus grand groupe religieux au Canada, avec 45 % de la population.

- De toutes les provinces canadiennes, le Québec demeure «la plus catholique»: à la fin de 1992, près de 6 millions de personnes étaient enregistrées comme catholiques.

- Le Québec compte également le plus grand nombre de religieuses et de religieux non prêtres: environ 20 000 religieuses et 2400 religieux.

- Selon le recensement de 1991 de Statistique Canada, le Québec compte près de 400 000 protestants, environ 100 000 juifs, près de 90 000 chrétiens orthodoxes, plus de 33 000 témoins de Jéhovah, quelque 3500 mormons, une soixantaine de quakers et une quarantaine de doukhobors (communauté d'inspiration chrétienne).

- Plus de 262 000 Québécois et Québécoises ne s'associent à aucune religion (146 000 hommes et 116 000 femmes). Plus de 2000 Québécois et Québécoises se disent athées.

- Les Québécois catholiques sont moins scolarisés que les Québécois qui appartiennent à d'autres confessions: 14 % des catholiques détiennent un diplôme universitaire contre 44 % des juifs et 34 % des musulmans; 31 % des Québécois se disant sans religion sont des diplômés universitaires.

CURIOSITÉS DE LA VIE RELIGIEUSE QUÉBÉCOISE

- La flèche de la cathédrale anglicane Christ Church sur la rue Sainte-Catherine, à Montréal, atteint près de 39 mètres de hauteur. Construite à l'origine en pierre, elle s'est révélée trop lourde pour ses fondations. On l'a donc démolie en 1927 et remplacée par une copie en aluminium.

- Construite entre 1824 et 1829, la basilique Notre-Dame, à Montréal, fut pendant longtemps le plus vaste édifice du

Nouveau Monde. Elle possède une des plus grosses cloches de l'Amérique du Nord; celle-ci pèse plus de 12 tonnes et on peut l'entendre parfois jusqu'à 25 kilomètres. À la fin de la Deuxième Guerre mondiale et à l'ouverture de l'Exposition universelle de Montréal en 1967, on a pu l'entendre.

• L'architecte de la basilique Notre-Dame de Montréal, James O'Donnell, était un protestant. Sur son lit de mort, il se convertit au catholicisme et fut inhumé dans l'église.

• La plus haute église du Canada est l'oratoire Saint-Joseph de Montréal: elle fait plus de 125 mètres de hauteur. L'énorme édifice, coiffé d'un dôme de cuivre, est le second en importance après celui de la basilique Saint-Pierre de Rome. De la grille d'entrée, il faut gravir plus de 300 marches pour accéder à la basilique.

• L'église Erskine & American située sur la rue Sainte-Catherine, à Montréal, possède des vitraux Tiffany.

• Les treize statues qui ornent la façade de la cathédrale Marie-Reine-du-Monde, située à Montréal, ne sont pas celles des apôtres comme à Rome, mais des saints patrons des paroisses qui les ont offertes au diocèse.

• Auparavant, les églises avaient un coq sur leur clocher. Il n'en reste qu'un seul à Montréal, sur l'église Saint-Jacques.

• On aperçoit la croix du mont Royal à 64 kilomètres de distance.

• L'église Saint-Paul, à Ville Saint-Laurent, a été reconstruite pierre par pierre en 1931. C'était auparavant une église presbytérienne sise sur le boulevard René-Lévesque, à Montréal. Lorsqu'elle fut démolie en 1930, chaque pierre fut identifiée en vue de la reconstruction.

- L'église anglicane Saint-Thomas, autrefois sur la rue Notre-Dame, à Montréal, et maintenant sur l'avenue Somerled, a été construite pour un seul homme, Thomas Molson. Comme le bâtiment était une propriété privée, Thomas Molson en payait les taxes.

- L'église Notre-Dame-de-la-Défense, sise au 6810, avenue Henri-Julien à Montréal, a été construite en 1919 et son architecture est inspirée des premiers monastères. On trouve un célèbre portrait de Mussolini dans la fresque peinte par Guido Nincheri qui commémore le traité de Latran entre Pie XI et l'État italien.

- Fille unique du plus riche marchand de Montréal, Jeanne Le Ber était, avec sa dot de 50 000 écus, considérée comme l'un des meilleurs partis du pays. Mais, en 1679, elle fut grandement impressionnée par la mort d'une amie religieuse et décida de vivre en recluse. Lorsque la Congrégation de Notre-Dame décida d'ériger une église, Jeanne leur offrit de payer le coût d'un appartement pour elle, à l'arrière de l'autel. Cet appartement avait trois pièces superposées: au rez-de-chaussée, la sacristie, où elle se confessait et communiait quatre fois la semaine; à l'étage supérieur, une modeste chambre; et au-dessus, son atelier. Elle y vécut pendant vingt ans, jusqu'à sa mort en 1714. Le musée de la basilique Notre-Dame contient des vêtements en fil d'or brodés par Jeanne Le Ber.

- Lorsque l'abbé de Queylus arriva à Montréal, en 1861, personne ne le reconnut car il n'était pas habillé en ecclésiastique. Les Montréalais étaient consternés. L'abbé dut retourner en Italie, prendre les vêtements appropriés et revenir au Québec.

- Sur le campus de l'Université McGill, juste en face du pavillon des Arts, il y a un lopin de terre consacré par l'archevêque anglican de Montréal en 1875. James McGill, le fondateur de l'université, y est enterré.

- Au début du siècle dernier, John Jackson, ministre protestant, arrive au séminaire Saint-Sulpice, dans l'intention de convertir les sulpiciens au protestantisme. Dix ans après, non seulement il se convertit au catholicisme, mais il devint sulpicien!

- Le 9 juin 1853, l'ex-prêtre catholique Alexandre Gavazzi donna au temple Sion (protestant), près de l'actuel square Victoria, un sermon sur l'absurdité et l'ignorance des catholiques. Il fut chaudement applaudi par les protestants. Mais, à l'extérieur, les Irlandais l'attendaient de pied ferme. L'émeute éclata. Quatre-vingts policiers tentèrent de contrôler la foule déchaînée. L'affrontement se solda par quinze morts et une quarantaine de blessés graves.

MOTS CLÉS

Abbé. Dans les Évangiles, lorsque le Christ s'adresse au Tout-Puissant, il dit *abba*, mot araméen qui signifie «père». Saint Paul, dans ses Épîtres, encourage les chrétiens à employer ce mot lorsqu'ils s'adressent à Dieu. Puis, peu à peu, le mot «abba» en vient à désigner celui qui dirige une abbaye où vivent des moines, selon les règles de leur ordre: bénédictin, cistercien ou trappiste. L'abbé est élu par les membres de sa communauté.

Amen. Pour les Hébreux, ce mot signifiait «Ainsi soit-il», c'est-à-dire à la fois une soumission ou un assentiment et un constat de vérité. Par exemple, lorsqu'un Hébreu terminait son discours ou son exhortation par le mot «amen», il indiquait implicitement que ses propos devaient être considérés comme dignes de foi et sincères.

Archevêque. Titre donné depuis le milieu du IVe siècle à l'évêque responsable d'une province ecclésiastique réunissant plusieurs évêchés.

Archidiocèse. Diocèse important sur le plan géographique; il est confié à un archevêque.

Auréole. Les historiens datent du VIIᵉ siècle l'usage généralisé de l'auréole pour une raison... utilitaire. Celle-ci servait tout simplement de parapluie aux statues exposées à l'extérieur des sanctuaires qui subissaient les assauts répétés des intempéries, de l'érosion et des fientes d'oiseaux. Les premières auréoles, en bois ou en cuivre, avaient la forme de grandes assiettes circulaires. Elles conféraient aux saints qu'elles protégeaient un port de tête si majestueux que même les peintres et les sculpteurs de bas-reliefs les adoptèrent dans leurs œuvres.

Banc (d'église). Le banc d'église était autrefois réservé à la noblesse, au châtelain local. Pendant longtemps, les classes dominantes écouteront les prêches sur l'égalité de tous les hommes sans devoir se mêler à des gens de moindre rang!

Bedeau. Laïc employé au service d'une église.

Bulle. Document solennel du pape pour définir une vérité dogmatique et promulguer les canonisations des saints. Le christianisme a repris les usages du paganisme romain. Dans la Rome païenne, la bulle était une sorte de médaillon contenant des amulettes et des formules magiques. La bulle était en principe réservée aux enfants nés libres et les protégeait des forces mauvaises. À partir de là, le mot a désigné une boule de métal accrochée à certains actes et destinée à les authentifier. Les actes les plus importants proviennent de l'administration pontificale. Les bulles papales sont munies d'un sceau en plomb auquel sont attachées les effigies de saint Pierre et de saint Paul; au revers figurent le nom du pape régnant et l'année de son pontificat. Les plus anciennes qui nous sont parvenues sont de Léon Iᵉʳ, pape de 440 à 461. En 1878, Léon XIII a réduit l'usage de la bulle aux actes très solennels. Les bulles sont ordinairement désignées par les deux premiers mots de leur texte en latin. Parmi les plus célèbres dans l'histoire de l'Église, on note les suivantes:

Exsurge Domine (1520), où Léon X condamne 41 propositions de Luther;

Ecclesia Domine (1801), qui ratifie le Concordat entre Pie VII et Napoléon Bonaparte;

Quanta Cura (1864), jointe au *Syllabus* de Pie IX, dénonçant entre autres le libéralisme et le communisme.

Canoniser. Vient du mot grec *canon* qui signifie «catalogue». Mettre au nombre des saints suivant les règles et avec les cérémonies prescrites par l'Église.

Cardinal. Un cardinal est un homme nommé par le pape pour accomplir de hautes fonctions dans l'Église catholique. Les cardinaux sont les plus proches collaborateurs du pape. Ils l'assistent et le conseillent dans ses fonctions de chef de l'Église; ils font partie du Sacré-Collège qui seul a le droit d'élire le pape.

Clergé. Clergé séculier (vivant dans le siècle): archevêques, évêques, curés et vicaires; clergé régulier: prêtres ou religieux constitués en ordres ou en congrégations et vivant selon une règle.

Couvent. Maison dans laquelle les religieux ou les religieuses vivent en commun.

Curé. Prêtre chargé du soin des âmes, c'est-à-dire de la responsabilité religieuse d'une paroisse.

Diocèse. Circonscription de l'Église placée sous la juridiction d'un évêque.

Encyclique. Lettre solennelle adressée par le pape aux évêques et destinée à l'ensemble du peuple chrétien. Écrite en latin, elle est désignée par les deux ou trois premiers mots du texte. Elle porte sur un point important de la foi ou encore demande des prières publiques ou certaines dévotions.

Évangéliste. Vient du grec *evangelion* qui signifie «bonne nouvelle». En effet, le prêcheur itinérant était considéré comme un messager de Dieu, un porteur de la bonne nouvelle. Les auteurs des Évangiles – Matthieu, Marc, Luc et Jean – sont désignés comme les quatre évangélistes.

Évêque. Vient du grec *episkopos* qui signifie «surveillant». Considérés comme les successeurs des apôtres, les évêques sont à la tête d'un diocèse. Ils ordonnent prêtres, diacres, lecteurs, bénissent le Saint-Chrême (huile consacrée), confirment et consacrent les églises. Ils sont investis par Rome et sacrés par trois évêques.

Hérésie. Doctrine contraire à la foi, condamnée par l'Église catholique.

Indulgence. Rémission par l'Église des peines temporelles que les péchés méritent. Beaucoup de catholiques les ont interprétées longtemps dans le sens de «réduction du temps passé au Purgatoire».

I.N.R.I. Abréviation de *Iesus Nazarenus rex Iudaeorum.* (Jésus de Nazareth roi des Juifs). L'écriteau placé par Pilate au-dessus de la tête du Christ sur la croix portait cette inscription indiquant le motif de sa condamnation.

Moine. Du latin *monachus* qui désigne «celui qui vit seul». Religieux chrétien vivant à l'écart du monde, soit seul, soit le plus souvent en communauté après s'être engagé par des vœux à suivre la règle d'un ordre.

Nonne (religieuse). En sanscrit, *nana* veut dire «mère»; en grec, *nanna* désignait une tante; en latin, *nonna* était une gouvernante d'enfant. Personne qui a professé des vœux dans une religion, un ordre ou une congrégation.

Pasteur. Mot dérivé d'un mot latin qui signifie «berger». Un ministre du culte est souvent représenté par la tradition sous les traits d'un berger qui conduit son troupeau. Ainsi, on fait souvent référence au Christ comme le «Bon Pasteur» qui retrouve et sauve la brebis égarée.

Patriarcat. Étendue de territoire (circonscription) soumise à la juridiction d'un patriarche.

Patriarche. Nom donné aux anciens chefs de famille de l'Ancien Testament; dès le début du christianisme, ce nom est attribué aux titulaires des sièges de patriarcats chrétiens. Ce titre est aussi accordé, dans l'Église romaine, à certains évêques titulaires de sièges très importants. Par exemple, le pape est le patriarche de l'Occident.

Pontife. Du latin *pontifex* qui signifie «faiseur de ponts». Se dit des hauts dignitaires catholiques, évêques ou prélats. Son principal rôle est en effet de servir de pont entre Dieu et l'humanité.

Relique. Fragment du corps d'un saint ou d'un bienheureux, d'un objet qui lui a appartenu ou qui a servi à son martyre et dont le culte est autorisé par l'Église catholique.

Révérend. Depuis le XVIIᵉ siècle, le terme est associé aux membres du clergé anglais (titre des pasteurs dans l'Église anglicane). Il s'agit d'un titre qui vient du mot latin *reverendus* qui signifie «digne de respect». Le terme fut à l'origine employé par les bourgeois des villes pour leur pasteur spirituel.

Vicaire. Mot qui désigne un substitut, un représentant. Ainsi, le pape est le «Vicaire du Christ», son représentant sur terre. Plus couramment, le vicaire de paroisse est le prêtre qui aide et remplace éventuellement le curé.

Église orthodoxe

ORIGINES

L'église orthodoxe est l'Église chrétienne de l'Orient. Elle se prétend, tout comme l'Église catholique, issue des premiers chrétiens. La rupture définitive des orthodoxes avec l'Église de Rome, en 1054, a été le résultat de différences culturelles, politiques et idéologiques. Ainsi, l'Église d'Orient s'opposait aux statues et favorisait les icônes (images saintes). L'Église de Rome affirmait sa souveraineté sur tous les chrétiens, ce que contestait les Églises d'Orient. De plus, ces dernières croyaient que le Saint-Esprit procède du Père seulement, alors que les chrétiens d'Occident le faisaient procéder du Père et du Fils, la fameuse querelle du «filioque». Ces différends aboutirent à ce qu'on appelle le schisme Orient-Occident.

CROYANCES ET PRATIQUES

Les orthodoxes professent les dogmes fondamentaux du christianisme, mais ils ne reconnaissent que les sept premiers conciles œcuméniques tenus entre 325 et 787. Ainsi, les chrétiens orthodoxes n'acceptent pas l'Immaculée Conception.

Les orthodoxes ont beaucoup de points communs avec les catholiques romains: foi, morale, discipline ecclésiastique, sacrements et liturgie. Par contre, les Églises orthodoxes refusent la formule catholique qui fait procéder le Saint-Esprit du Père et du Fils. Ils considèrent le pape comme un des cinq patriarches. Ils rejettent aussi la primauté hiérarchique du pape et son infaillibilité dogmatique, qui, selon eux, ne peut appartenir à un homme seul, fût-il patriarche. L'infaillibilité appartiendrait plutôt à l'Église et s'exprime dans un concile œcuménique.

L'Église orthodoxe admet les ordres religieux. Elle administre des sacrements et célèbre un culte liturgique très complet. La messe est chantée et aucun instrument de musique n'est toléré. Les orthodoxes représentent le Christ, la Vierge et les saints par des icônes, tableaux très riches qui ornent leurs églises et leurs maisons. L'Église possède des monastères et organise des conciles. Un homme marié peut être ordonné diacre, puis prêtre. Un prêtre ou un diacre, une fois marié, ne peut se remarier. Les évêques sont célibataires.

ORGANISATION

Aujourd'hui, il y a treize branches dans la confession orthodoxe. Elles comprennent d'abord les quatre anciens patriarcats de l'Est qui formaient avec Rome la «pentarchie»: Constantinople (siège à Istanbul), Antioche (siège à Damas), Alexandrie et Jérusalem ainsi que neuf autres Églises orthodoxes (Russie, Roumanie, Serbie, Bulgarie, Géorgie, Grèce, Chypre, Pologne et Albanie) qui ont émergé au cours des siècles.

Toutes ces Églises sont dites «autocéphales» (c'est-à-dire «qui ont leur propre tête»), ce qui signifie qu'elles élisent leur propre primat et jouissent d'une autonomie complète les unes par rapport aux autres. D'autres Églises, dites autonomes, voient confirmer l'élection de leur primat par l'une des Églises autocéphales. Toutes ces Églises sont placées sous l'autorité générale du patriarche œcuménique de Constantinople (*primus inter pares*).

Celui-ci a une primauté d'honneur sur les autres patriarcats, mais il n'exerce de vraie juridiction que sur son propre patriarcat. Comme chef spirituel de l'orthodoxie, il doit veiller sur le Livre des Saints Canons des Églises autocéphales, où sont consignées les Églises orthodoxes reconnues. Il a le droit de convoquer une assemblée panorthodoxe.

QUELQUES STATISTIQUES

• L'Église orthodoxe rassemble environ 200 millions de fidèles dans le monde*. On les retrouve surtout en ex-URSS (entre 62 et 120 millions), en Roumanie (14,4 millions), en Grèce (9,8 millions), en ex-Yougoslavie (8 millions), en Bulgarie (5,7 millions), aux États-Unis (5,3 millions). On en dénombre plus de 387 000 au Canada (1991).

CURIOSITÉ

• Le lieu le plus sacré de la foi orthodoxe: le mont Athos, une presqu'île au nord de la Grèce. Reconnu indépendant en 1913, le mont Athos forme depuis 1920 une république théocratique (régime politique dans lequel le pouvoir est considéré comme venant directement de Dieu) sous suzeraineté grecque. La presqu'île de 45 kilomètres de long est densément boisée; la montagne sacrée est située à l'extrémité sud. L'abaton, règle de Constantin Monomaque, datant de 1060, en interdit l'accès aux femmes, aux enfants, aux eunuques et aux visages lisses.

Églises protestantes

Les luthériens et les calvinistes représentent ce qu'on appelle le protestantisme historique, c'est-à-dire le protestantisme né avec la Réforme au XVIe siècle par distinction avec les autres traditions protestantes qui, tels le méthodisme, le pentecôtisme, se sont formées beaucoup plus tardivement.

---

* Les statistiques sur l'orthodoxie varient considérablement selon les sources. Nous avons repris les chiffres de l'ouvrage intitulé *Profils des principaux groupes religieux du Québec*, Québec, Les Publications du Québec, 1995, p. 57.

La Réforme affirme l'autorité souveraine de l'Écriture sainte, entraînant le rejet de l'autorité du pape, du culte de la Vierge et des saints, ainsi que le maintien de deux sacrements seulement: le baptême et la communion.

L'expérience et le message du moine Martin Luther furent décisifs. Luther ne souhaitait pas provoquer une scission avec l'Église romaine. Il en appela d'abord au pape pour réformer l'Église. Il condamnait notamment l'idée que l'on pouvait acheter son salut par des indulgences. Il affirma l'autorité souveraine de la Bible en matière de foi et de vie de l'Église. Ses positions lui valurent l'excommunication. Ce fut l'affirmation centrale de la Réforme. Le luthéranisme se déploya en Allemagne, puis en Scandinavie.

En France, Jean Calvin se révéla le principal instigateur de la Réforme. Il organisa le gouvernement de l'Église par les anciens (pasteurs et laïcs). Il insista sur l'indépendance de l'Église face à l'État et sur les conséquences civiques et sociales de l'Évangile. De Genève, sa doctrine gagna la Suisse (réformée avant lui par Ulrich Zwingli), les Pays-Bas, l'Écosse (par l'intermédiaire de John Knox), puis la Hongrie.

L'anglicanisme, qui avait conservé l'épiscopat et plusieurs rites catholiques, fut secoué au XVIIe siècle par les quakers (John Fox), qui insistèrent sur la vie intérieure, et au XVIIIe siècle par le méthodisme (John Wesley), qui mit l'accent sur la conversion individuelle.

Quant aux baptistes, ils n'admettent, entre autres, que le baptême des adultes; les adventistes insistent sur le retour du Christ glorieux, les pentecôtistes, sur l'action du Saint-Esprit; les congrégationalistes, sur l'autonomie de chaque Église locale et l'Armée du Salut, sur l'engagement personnel.

Luthéranisme

ORIGINES

L'Église luthérienne a été fondée par l'Allemand Martin Luther (1483-1546), le père de la Réforme. Ce théologien se révolta contre certaines pratiques de l'Église catholique. Le 31 octobre 1517, il afficha sur la porte du château de Wittenberg, en Saxe, ses «95 thèses» où il dénonça la vente des indulgences. Il souleva ainsi la question religieuse dans toute l'Allemagne. Puis, en 1519, il nia l'infaillibilité du pape. La réaction fut pratiquement instantanée: on l'excommunia.

À partir de 1520, il précisa sa doctrine: l'Écriture sainte est la seule autorité valable; l'homme est sauvé par la foi, non par les œuvres. L'empereur Charles Quint le mit au ban de l'Empire en 1521 et Luther échappa au bûcher grâce à la protection du prince de Saxe. Il se réfugia ensuite dans un couvent où il traduisit la Bible en allemand. Il défendit l'idée du retour à l'Évangile et affirma que seule la foi peut assurer le salut. Sa prédication gagna vite l'ensemble de la population allemande et obtint le soutien de nombreux princes. Lorsqu'il décéda en 1546, le luthéranisme avait remplacé le catholicisme dans la moitié de l'Allemagne et dans les États scandinaves.

CROYANCES ET PRATIQUES

La doctrine fondamentale du luthéranisme, c'est que le pardon des péchés et la justification sont accordés par la grâce, par la foi au Christ. La foi n'est pas un simple acte intellectuel, mais une confiance totale en Dieu. Les bonnes œuvres accompagnent la foi, mais elles ne méritent pas le salut. Le luthéranisme n'accepte pas le purgatoire, les indulgences, la dévotion aux saints et la prière pour les défunts. Les luthériens ne reconnaissent que les deux sacrements qui ont été institués par Jésus: le baptême et la cène (eucharistie). Par ailleurs, la cène n'est pas célébrée tous les jours ou même toutes les semaines, mais habituellement une fois par mois. Une Cène luthérienne ressemble à une célébration eucharistique catholique.

À côté des sacrements du baptême et de la Cène, les luthériens admettent la confirmation, le mariage et les funérailles par lesquelles l'Église annonce l'espérance de la résurrection. Le luthéranisme n'admet toutefois ni l'extrême-onction ni la prière pour les morts. Les Églises luthériennes célèbrent les grandes fêtes chrétiennes (Pâques, Pentecôte, Ascension, Noël), mais elles ne célèbrent ni la Fête-Dieu, ni l'Assomption de Marie, ni les fêtes des saints.

ORGANISATION

La Réforme a institué un type particulier de clerc: le pasteur. Ce dernier est attesté, non pas dans une hiérarchie ecclésiastique, mais dans l'assemblée des croyants où s'effectuent la prédication de l'Évangile et l'administration des sacrements. Le pasteur a reçu une formation théologique et est habilité par l'Église à instruire les fidèles à travers le culte, le catéchisme, l'étude biblique et d'autres activités. La plupart des pasteurs sont mariés et ont des enfants. L'ordination est l'acte par lequel une Église luthérienne reconnaît un nouveau ministre (pasteur) et reçoit son engagement. La majorité des Églises luthériennes accepte l'ordination des femmes au ministère pastoral. L'ordination ne donne pas au pasteur un pouvoir exclusif, puisque des laïcs peuvent aussi prêcher et administrer des sacrements.

La base des Églises luthériennes (comme chez les calvinistes et les presbytériens; voir plus loin) est la paroisse, dirigée par un conseil presbytéral composé de pasteurs et de laïcs. Ce conseil gère la paroisse et diverses activités. Les paroisses sont regroupées en consistoires (synodes) et en régions. Le synode régional est l'assemblée composée de laïcs et de pasteurs, où l'on discute des activités et des orientations de l'Église. Chaque synode régional envoie des délégués à un synode national, qui est l'instance décisionnelle de chaque Église.

QUELQUES STATISTIQUES

- On compte environ 70 millions de luthériens dans le monde, dont la plupart sont concentrés en Europe. En Islande, en Finlande, en Norvège et en Suède, le luthéranisme est la religion officielle de l'État.

- Au Canada, on dénombre plus de 636 000 luthériens, dont 10 700 vivent au Québec (1991).

Calvinisme

ORIGINES

Cette branche du protestantisme a été fondée par Jean Calvin (1509-1564). Ce religieux, philosophe et écrivain français adhéra à la Réforme en 1533. Dès lors, il entreprit sa vie de prédicateur. En 1534, lorsque François Ier persécuta les protestants, Calvin, un des principaux instigateurs de la Réforme protestante en France, fut obligé de s'exiler et se réfugia à Bâle (Suisse) où il publia son ouvrage capital: *Institution de la religion chrétienne* (1536), la première définition logique du protestantisme et sa première justification.

Calvin croyait que le travail assidu était un des commandements de Dieu. Cela changea les notions du Moyen Âge, selon lesquelles la pauvreté était bénie de Dieu et l'usure, un péché. Pour Calvin, le succès financier était un signe de la faveur de Dieu. En ce sens, le calvinisme est lié à la montée du capitalisme, soit comme cause, soit comme conséquence.

Le calvinisme inspira les huguenots français (protestants), les puritains britanniques et les Néerlandais dans leur lutte contre les Espagnols.

CROYANCES ET PRATIQUES

Le point majeur de la doctrine calviniste est la prédestination. Partant de l'idée de la Toute-Puissance de Dieu, Calvin affirmait que Dieu avait choisi ses élus, ceux auxquels il avait donné la foi qui sauve. Autrement dit, c'est Dieu qui sauve les élus qu'il choisit en leur donnant la foi par sa grâce. L'homme ne mérite pas lui-même le salut, c'est un cadeau de Dieu. La Réforme sous Calvin est plus radicale encore que celle de Luther. Calvin avait une foi ardente, mais un caractère rigide. Comme Luther cependant, il déclarait que l'homme pouvait être sauvé par la foi seule, non par les œuvres.

Calvin n'admettait que deux sacrements: le baptême et la communion. Il rejetait toutes les pratiques extérieures et toute hiérarchie ecclésiastique. Dans les sanctuaires calvinistes, on ne retrouvait aucun ornement. Un autre réformateur suisse, Ulrich Zwingli, poussa encore plus loin la tendance calviniste en rejetant les sacrements.

Les ministres du culte – les pasteurs – sont chargés de dire les prières et de prêcher. Ils sont élus par les paroissiens. Ils ont reçu une formation théologique et sont investis d'une mission. Souvent, ils sont mariés et ont des enfants. Ils reçoivent un salaire versé par la communauté paroissiale.

QUELQUES STATISTIQUES

• On dénombre environ 50 millions de calvinistes dans le monde, en particulier aux États-Unis, aux Pays-Bas, en Indonésie, en Grande-Bretagne, en Afrique du Sud, au Canada et en Suisse.

CURIOSITÉ

• La petite ville calviniste de Staphort, aux Pays-Bas, a peu changé depuis le XVIᵉ siècle. Si les touristes y sont tolérés comme un moindre mal, ils n'ont pas le droit de photographier les lieux ni les habitants. Cette interdiction est plus sévère le vendredi soir alors que les jeunes femmes du village rejoignent leurs amis et le dimanche, lorsque les villageois revêtent leurs plus beaux costumes pour la cérémonie religieuse. L'endroit est difficile à trouver; il n'y a pas de signalisation sur la route.

Presbytérianisme

ORIGINES

L'Église presbytérienne a été fondée au XVIᵉ siècle par un prêtre écossais John Knox (1505 ou 1514-1572). Ce dernier s'inspira de Calvin dont il était le principal collaborateur à Genève (Suisse). Il regagna ensuite son pays pour y fonder, en 1559, une Église calviniste qu'il appela presbytérienne, puisque cette Église était gouvernée par des presbytères (pasteurs qui prêchent et «anciens» laïcs qui administrent) élus par leurs fidèles. Quand les puritains prirent le pouvoir en Angleterre (XVIIᵉ siècle), les presbytériens en étaient la branche la plus importante.

CROYANCES ET PRATIQUES

Les presbytériens croient que les Saintes Écritures sont la seule règle infaillible. Pour eux, le baptême et la Cène sont des mémoriaux de grâce. Le baptême n'est pas nécessaire au salut, mais on le donne quand même aux enfants et aux adultes. La doctrine presbytérienne se rapproche beaucoup de celle des protestants «réformés», calvinistes ou luthériens. Le service divin presbytérien est d'une grande simplicité: sermons, prières, lectures, hymnes et lectures bibliques. De temps en temps, on célèbre la Cène.

QUELQUES STATISTIQUES

- Au Canada, cette Église a été fondée par des fidèles en provenance d'Écosse. En 1925, le groupe a été réduit des deux tiers quand se forma l'Église Unie du Canada (United Church), qui regroupe des méthodistes (voir plus loin «Méthodisme»), des congrégationalistes et une partie des presbytériens.

- On dénombre près de 19 000 presbytériens au Québec (1991).

CURIOSITÉ

- James Cuthbert, aide de camp du général Wolfe, était presbytérien. Après la bataille des plaines d'Abraham, il fut nommé seigneur de Berthier et y construisit une chapelle qui existe encore. C'est la plus ancienne église protestante au Canada.

Méthodisme

ORIGINES

Les méthodistes sont nés du mouvement de réveil qui a vivifié spirituellement l'Angleterre au XVIIIe siècle. John Wesley (1703-1791) est le fondateur de l'Église méthodiste. Fils d'un pasteur anglican, il décida de servir le Christ après des études à Oxford. Il devint diacre de l'Église anglicane en 1725 et participa à un groupe de prière et d'encouragement aux bonnes œuvres. Poussé à se séparer de l'Église anglicane, il forma l'Église méthodiste.

On donna à ses adeptes le sobriquet de «méthodiste» en raison de la façon méthodique dont ils étudiaient et accomplissaient leurs devoirs religieux. Le méthodisme se répandit rapidement en Grande-Bretagne, et des missionnaires furent envoyés en France. Puis, il fit une percée dans les pays anglophones.

CROYANCES ET PRATIQUES

Le méthodisme est inspiré largement du calvinisme, mais il rejette la doctrine de la prédestination absolue. La certitude du salut vient du «témoignage de l'Esprit» qui parle à chaque croyant individuellement. Il affirme la liberté humaine, la sanctification subite et la conviction intérieure comme signe suffisant du salut. Les méthodistes insistent sur la nécessité de la conversion et de la vie intérieure. Ils adhèrent aux thèses fondamentales de la Réforme protestante.

ORGANISATION

En Amérique, les méthodistes ont des évêques, mais en Europe, ils sont dirigés par des représentants, nommés par les Conférences méthodistes.

QUELQUES STATISTIQUES

- Il y a environ 50 millions de méthodistes dans le monde, dont 15 millions aux États-Unis où ils constituent, après les baptistes, la deuxième communauté protestante en importance.

- Il y aurait environ 873 000 méthodistes au Canada.

- Les méthodistes sont à l'origine du mouvement d'union de 1884 qui a abouti, en 1925, à la fondation de l'Église Unie (United Church), au Canada, qui réunit plus de 3 millions de fidèles (1991).

Églises baptistes

ORIGINES

Le mouvement baptiste commença avec les anabaptistes (mot qui signifie «baptisés de nouveau»). Vers 1606, un pasteur anglais, John Smyth, convaincu que le baptême adulte était nécessaire, conduisit un groupe de baptistes anglais aux Pays-Bas pour échapper aux persécutions. La communauté baptiste gagna l'Angleterre vers 1612 et les États-Unis vers 1639. Le regroupement des Églises baptistes constitue la plus grande branche protestante des États-Unis.

Il est à noter que Martin Luther King était un pasteur baptiste.

CROYANCES ET PRATIQUES

Le principe fondamental des Églises baptistes est l'autorité souveraine de la Bible aussi bien en matière de foi que de pratique. La doctrine du baptême est à l'origine du nom des baptistes. Selon les adeptes de ce mouvement, personne ne doit être baptisé avant d'être assez âgé pour comprendre les enseignements du Christ. Ces derniers rejettent donc le baptême des enfants et ne le donnent qu'aux adultes convertis: «C'est la première confession du Christ et le gage merveilleux du salut.» Le croyant n'est baptisé par immersion totale (le corps au complet est plongé dans l'eau) qu'après avoir professé sa foi en Jésus-Christ. Le baptême est considéré comme le signe certain de l'expérience du salut. Toute la doctrine des baptistes est donc en fonction du baptême: péché originel, salut en Jésus, justification, expérience chrétienne. Plusieurs baptistes sont fondamentalistes (ils interprètent littéralement les Saintes Écritures) et croient que le ciel et l'enfer sont des lieux physiques.

ORGANISATION

Chaque Église locale est autonome et souveraine. Le regroupement des Églises locales se fait sous forme d'unions, de fédérations ou de congrès, ne disposant pas d'autorité véritable.

QUELQUES STATISTIQUES

• Il y a des baptistes dans près de 90 pays. L'Alliance baptiste mondiale compte plus de 118 000 Églises et environ 35 millions de baptistes, dont plus de 26 millions vivent aux États-Unis, 1,5 million en Asie, 1 million en Europe, et près de 1 million en Afrique.

• Au Canada, on dénombre plus de 663 000 baptistes, dont 27 505 vivent au Québec (1991).

Pentecôtisme

ORIGINES

Ce mouvement religieux a été crée en 1906, à Los Angeles, par des baptistes, notamment par le pasteur américain Charles Parham. On regroupe sous cette appellation plusieurs Églises dont les fidèles ont fait l'expérience de la Pentecôte, c'est-à-dire la descente du Saint-Esprit. Ce mouvement est issu d'un réveil spirituel au sein des Églises protestantes un peu partout dans le monde au tournant du siècle.

CROYANCES ET PRATIQUES

Les pentecôtistes croient que les Écritures constituent la Parole inspirée par Dieu. Pour eux, les Églises établies sont dégradées et corrompues. Ils insistent sur la perversité de la nature humaine et sur l'expérience du salut. En général, les pentecôtistes ont une conception simple de la doctrine et de l'Église. Il n'y a pas de hiérarchie organisée: chaque Église locale prend le nom d'Assemblée de Dieu («Viens et Vois») et reste indépendante. Seuls les pasteurs s'intéressent aux règles doctrinales. Les membres ordinaires ne se soucient, bien souvent, que de leur expérience avec l'Esprit. Ils veulent expérimenter ce que les apôtres ont éprouvé lors de la Pentecôte. Au centre de l'expérience pentecôtiste, il y a donc le baptême de l'Esprit, expérience ressentie lors de l'imposition des mains, pendant que l'Assemblée est en prière. Les pentecôtistes ont retenu deux sacrements, le baptême (pour les adultes seulement) et la Cène.

QUELQUES STATISTIQUES

- On compte au moins 200 millions de pentecôtistes dispersés un peu partout dans le monde. Leur nombre augmente rapidement, principalement en Amérique latine où des millions de catholiques se convertissent au mouvement pentecôtiste. On observe le même phénomène en Amérique du Nord.

- Le Canada comprend plus de 436 000 pentecôtistes, dont près de 29 000 sont au Québec (1991).

Églises mennonites

ORIGINES

Considérés comme les descendants des anabaptistes (mot qui signifie «baptisés de nouveau»), parce qu'ils étaient hostiles au baptême des enfants, la naissance des communautés mennonites remonte au XVIe siècle. Celles-ci doivent leur nom au Néerlandais Menno Simons (1496-1561), qui rompit avec l'Église catholique et devint chef d'un groupe anabaptiste modéré. Après avoir subi des répressions de la part des catholiques, mais aussi d'autres protestants, les mennonites furent peu à peu tolérés aux Pays-Bas, en Allemagne, en Suisse, dans l'Est de l'Europe et en Amérique du Nord, où ils fondèrent des communautés agricoles et purent pratiquer librement leur religion.

Croyances et pratiques

Les mennonites se conforment à la Bible, acceptent la divinité de Jésus-Christ, mais nient la Trinité. Ils rejettent le baptême des enfants et l'autorité de toute Église traditionnelle. Ils sont antimilitaristes et refusent de prêter serment. Certaines communautés mennonites vivent sans électricité, utilisent seulement des voitures à chevaux et refusent tout ce qui vient des gouvernements. Les Amish de Pennsylvanie sont une branche des mennonites.

Quelques statistiques

- On compte environ 1,5 million de mennonites dans le monde, dont 350 000 aux États-Unis.

- Près de 208 000 mennonites vivent au Canada et plus de 1000 au Québec (1991).

Autres Églises et mouvements d'origine chrétienne

Anglicanisme

ORIGINES

Contrairement aux groupes protestants nés de la Réforme (luthériens, calvinistes) qui entretenaient de profondes divergences de vue avec le dogme catholique, l'Église d'Angleterre (l'Église anglicane) est née du refus du roi Henri VIII de se soumettre à la juridiction du pape.

En 1503, le roi Henri VIII, alors âgé de douze ans, épousa sa belle-sœur, Catherine d'Aragon (âgée de dix-huit ans). Plus tard, il voulut annuler le mariage, mais le pape Clément VII refusa l'annulation. En 1534, Henri VIII, désireux d'épouser Anne Boleyn, soustrait l'Église d'Angleterre à l'autorité du pape en en devenant lui-même le chef et en faisant annuler son mariage par l'archevêque de Canterbury.

Ce fut donc l'autorité du pape dans le domaine du droit canon qui ouvrit la brèche, et non pas les dogmes centraux du catholicisme. La doctrine de l'infaillibilité du pape n'était pas universelle à cette époque (elle ne fut d'ailleurs proclamée qu'en 1870). À l'époque d'Henri VIII, elle était même controversée parmi les intellectuels catholiques. La citation de l'historien Lord Acton («le pouvoir corrompt et le pouvoir absolu corrompt absolument») vient d'un débat sur l'autorité du pape. L'enjeu réel pour Henri VIII était l'autorité du pape et son influence sur les évêques d'Angleterre.

Henri VIII, qui s'opposait au protestantisme, a créé en quelque sorte une religion catholique sans pape. Son fils, Édouard VI, et les réformateurs anglicans ont introduit par la suite divers éléments du protestantisme, comme la lecture des

Évangiles dans la langue du peuple, le mariage des prêtres et le retrait des statues et des images pieuses dans les églises. Le *Book of Common Prayer*, livre liturgique officiel, reflète cette tendance protestante dans l'Église anglicane. Les anglicans sont aussi appelés «épiscopaliens». surtout en Écosse et aux États-Unis. Au Canada, on parle ordinairement de «l'Église anglicane».

CROYANCES ET PRATIQUES

La base doctrinale est constituée par la Bible, les 39 articles (adoptés en 1562), le *Book of Common Prayer* (1549, plusieurs fois révisé), composé sous Édouard VI et qui a profondément marqué la piété anglaise. Il y a deux sacrements essentiels: le baptême et l'eucharistie. L'Écriture seule fonde la foi. Les évêques anglicans sont considérés comme les successeurs historiques des apôtres.

ORGANISATION

Depuis sa séparation avec Rome au XVIe siècle, l'Église d'Angleterre s'implanta dans les territoires sous influence britannique. Elle compte aujourd'hui 27 Églises épiscopaliennes hors du territoire britannique. Les Églises anglicanes dans le monde forment la communion anglicane et reconnaissent l'autorité de Canterbury. Depuis 1866, les évêques des Églises anglicanes se réunissent tous les dix ans à la conférence de Lambeth, présidée par l'archevêque de Canterbury. Là, ils édictent des règles communes non contraignantes. La position intermédiaire de l'anglicanisme, entre catholicisme et protestantisme, explique qu'il soit au cœur du mouvement œcuménique du XXe siècle.

QUELQUES STATISTIQUES

- On compte environ 27 millions de fidèles anglicans en Grande-Bretagne, où elle est la religion officielle, et près de

34 millions ailleurs dans le monde, essentiellement en Australie, en République sud-africaine et aux États-Unis.

• Les anglicans sont plus de 2 millions au Canada, dont environ 96 000 vivent au Québec (1991).

Quakers

ORIGINES

Les quakers ont été fondés par le britannique George Fox (1624-1691), le fils d'un obscur tisserand du Leicestershire. Convaincu d'être appelé par le Saint-Esprit, Fox commença à prêcher en 1647. Ses disciples formèrent la société des amis ou quakers («trembleurs», d'après un mot de Fox recommandant à un juge de «trembler devant la parole de Dieu»). En 1652, au sommet de Pendle Hill, Fox eut une vision qui l'incita à répandre son message dans le voisinage. À partir de 1654, les quakers s'implantèrent en Amérique et y exercèrent une forte influence aux XVIIe et XVIIIe siècles, grâce à William Penn qui fonda la Pennsylvanie en 1682. Les quakers ont été les premiers à abolir l'esclavage, à réformer les prisons et à améliorer l'éducation. Ils refusent toujours de participer à toute guerre.

Il est à noter que Richard Nixon, ancien président des États-Unis, était un quaker.

CROYANCES ET PRATIQUES

Il n'y a pas de confession de foi formelle chez les quakers. Chrétiens, les quakers sont convaincus que chaque croyant a le pouvoir de communiquer directement avec Dieu qui le guidera vers la Vérité. Cela les conduit à nier l'autorité de la tradition et à diminuer celle de la Bible.

Donc, les croyants reçoivent leur enseignement directement de Dieu; il leur suffit d'être attentifs à la «lumière intérieure» qui éclaire toute personne venant au monde et à laquelle il faut se conformer. Dieu est à la disposition de chacun et chacune; il suffit de se mettre à son écoute. Les quakers n'ont ni prêtre, ni sanctuaire, ni rite, ni sacrement. Ils évitent aussi tout rituel et n'ont pas de pasteurs.

La méditation, le silence et la quiétude sont pour les quakers des moyens de se laisser guider par la lumière intérieure. Ils attachent beaucoup plus d'importance aux actions qu'aux paroles, ne font nulle différence entre les êtres humains et sont très soucieux de leur bien-être. Les quakers ont poussé à l'extrême le dépouillement du culte protestant. Du principe de la lumière intérieure en chacun découle un respect pour tout être humain (d'où le pacifisme et l'extrême tolérance des quakers).

QUELQUES STATISTIQUES

• Les quakers sont environ 250 000 dans le monde, dont plus de la moitié vivent aux États-Unis.

• On compte environ 2800 quakers au Canada, dont 65 sont au Québec (1991).

Adventisme
du septième jour

ORIGINES

En 1831, William Miller (1781-1849), un fermier et ministre baptiste anciennement fonctionnaire, annonça le retour du

Christ pour 1844. Des milliers de personnes convaincues par ses enseignements se réunirent à la ferme de Miller, dans le nord de l'État de New York, pour attendre le retour triomphal du Christ et la transformation du monde. Après l'échec de sa prédiction, certains croyants estimèrent que les passages prophétiques désignaient en fait la purification du sanctuaire céleste. Parmi ceux qui adoptèrent cette vue, Ellen G. White (1827-1915) dont l'influence a profondément marqué le mouvement adventiste. L'expression «adventiste du septième jour» a été adoptée en 1860 pour insister sur le respect du samedi (sabbat) comme jour du repos béni par Dieu.

À noter que John Harvey Kellogg (le père des «Corn flakes») fut un des seize enfants d'un des premiers adventistes du Michigan. Il publicisa les principes de la santé adventiste partout dans le monde. Les adventistes croient que la lumière du soleil, l'air frais, une diète toute simple et de la discipline nous protègent contre tout excès de complaisance.

CROYANCES ET PRATIQUES

Depuis la «grande déception de Miller», les adventistes ne fixent plus de date pour le retour du Christ, toujours considéré comme imminent. Pour eux, l'immortalité est conditionnelle (l'être humain ne parvient à l'immortalité que par la foi en Jésus-Christ). Les adventistes croient à l'inspiration et à l'autorité de la Bible, dont découle le respect du sabbat. Ils accordent une grande importance à la prophétie biblique.

L'heure prévue du retour du Christ est inconnue, mais grâce à une dévotion à son œuvre, les adventistes s'empressent de la préparer. Selon les adventistes, le retour du Christ sur terre est proche et apportera avec lui un monde parfait, longuement attendu par les hommes et les femmes. Cet événement sera précédé d'une guerre monstrueuse, de la peste, de la destruction des gens mauvais et de Satan, et de la purification de la terre par un holocauste. La Bible stipule que le retour du Christ ne peut arriver tant que l'évangile n'est pas prêchée partout sur terre; c'est pourquoi les adventistes encouragent le travail missionnaire.

L'Église adventiste est scrupuleusement biblique. Elle rejette sans équivoque la théorie de l'évolution de Darwin. Les Dix Commandements sont privilégiés, non comme un moyen vers le salut, mais comme une expression des enseignements du Christ.

Le sabbat, que les adventistes respectent du coucher du soleil le vendredi au coucher du soleil le samedi, est entièrement consacré au Seigneur. Les magasins et les usines ferment; les télévisions et les radios demeurent silencieuses. Les adventistes ne doivent pas jouer aux cartes ni danser. Un adventiste se doit d'être vertueux, pieux, modeste et frugal. Il doit s'abstenir de «toute boisson alcoolisée, de tabac et de tous les narcotiques qui souillent l'âme et le corps». Le café, le thé et la viande de porc sont déconseillés.

Les adventistes ont des institutions florissantes: hôpitaux, écoles, maisons d'édition. Ils exercent également une grande activité missionnaire. Enfin, mentionnons que la dîme est obligatoire (10 % des salaires et des revenus).

QUELQUES STATISTIQUES

- Il y a plus de 8 millions d'adventistes dans le monde.

- Au Canada, on compte quelque 52 360 adventistes, dont 4780 vivent au Québec (1991).

Témoins de Jéhovah

ORIGINES

Les témoins de Jéhovah sont nés de la fragmentation de l'adventisme après sa vaine attente du retour du Christ en 1844; l'Américain Charles T. Russell (1852-1916), converti à ce culte vers 1870, prit ses distances après une série d'attentes déçues entre 1873 et 1878. En 1879, il réunit un premier groupe de témoins, puis, à la suite d'une étude de certains passages de la Bible, il annonça l'imminence du retour du Christ et de la fin du monde, précisant même la date et l'heure. Au jour dit, rien ne se produisit! Qu'à cela ne tienne, Russell changea la date et on recommença à attendre. Plus tard, il préféra s'en tenir aux miracles et monta un fructueux commerce de blé miraculeux. L'affaire se termina par une condamnation et il mourut peu après, soit en 1916, se sentant amer et incompris.

Il fut remplacé à la tête du mouvement par Joseph Franklin Rutherford. En 1942, ce fut au tour de Nathan Homer Knorr de diriger les témoins de Jéhovah jusqu'en 1977, puis de F.W. Franz. Ces derniers lui donnèrent une expansion mondiale.

CROYANCES ET PRATIQUES

Les témoins de Jéhovah nient la Trinité, l'immortalité de l'âme, l'enfer, les supplices éternels, le purgatoire et la déité de Jésus. Ils croient que le Christ est devenu roi du ciel en 1914 et qu'il expulsa Satan; ainsi commencèrent les troubles sur la terre. La bataille finale sera livrée à *Harmaguédon* (Apocalypse, 16, 16), entre forces du Mal et armées de Dieu, conduites par Jésus. Le Christ anéantira alors tout le système politique, économique et social mondial pour établir son règne. Les méchants seront tués et non pas jetés en enfer. Les témoins sincères peupleront une terre régénéré et vivront dans la paix et le bien-être.

Les témoins de Jéhovah croient en la résurrection: céleste pour les 144 000 rachetés de la Terre, cohéritiers du Christ dans son Royaume; terrestre pour l'immense majorité des humains, dans le paradis rétabli.

Les témoins interprètent leurs Écritures littéralement. Ainsi, il est dit dans les Actes des Apôtres de «s'abstenir de sang». Ils s'opposent donc – pour eux et pour leurs enfants – aux transfusions sanguines ainsi qu'aux mets qui en contiennent tels le boudin et certains saucissons. Ils ne célèbrent que très peu de cultes et les sacrements sont réduits au seul baptême par immersion totale des disciples (collectif) à leur entrée dans la communauté. Ils condamnent l'établissement d'un clergé. Chaque membre devient un disciple du Christ et se voue à Jéhovah.

Les témoins en viennent très souvent à abandonner toutes les relations extérieures au groupe de peur d'être contaminés et de perdre ainsi l'espoir de faire partie des élus. Les témoins ne fêtent ni Noël (une fête païenne) ni Pâques. Ils ne votent pas et ne participent à aucune activité politique. Ils acceptent d'adhérer aux syndicats quand ils n'ont pas le choix, mais ils observent alors une stricte neutralité.

Les témoins adoptent un code de conduite très rigoureux: habituellement, ils ne boivent pas, ne fument pas, s'opposent à l'homosexualité et à l'avortement. Au sein de la famille, les rôles sont bien campés. C'est l'homme qui est le chef. Les femmes peuvent prendre des décisions, mais elles demeurent soumises à leurs maris. Le divorce ne peut être justifié que par l'adultère; la plupart du temps, la cruauté, mentale ou physique, ne constitue pas une raison valable.

Les témoins de Jéhovah refusent de faire leur service militaire. Farouches adversaires de l'intervention de l'État et objecteurs de conscience, ils furent persécutés par de nombreux gouvernements, dont celui de Hitler.

QUELQUES STATISTIQUES

- On compte plus de 6 millions de témoins de Jéhovah dans plus de 200 pays. La plus grande concentration se trouve aux États-Unis (1 600 000 adeptes).

- Le Canada comprend plus de 168 000 membres de cette confession, dont environ 34 000 vivent au Québec (1991).

CURIOSITÉ

- Au Québec, ce mouvement religieux, implanté en 1920 par un petit groupe d'anglophones, s'est développé lentement. En 1945, le Québec comptait 350 témoins. La progression a été difficile et ardue, particulièrement sous Duplessis durant les années 1950. Ce dernier, à la fois premier ministre et procureur général, leur mena la vie dure. Au plus fort de la crise, il y avait 1600 causes devant les tribunaux. On défendait aux témoins de faire du porte à porte et de distribuer leur littérature. Il a fallu une longue guérilla judiciaire et un jugement de la Cour suprême en 1953 pour qu'on leur accorde la liberté d'exercer leur culte et de propager leur foi.

Mormons

ORIGINES

L'Église de Jésus-Christ des saints des derniers jours (les mormons) a été fondée par Joseph Smith à Lafayette (État de New York), en 1830. Les mormons disent qu'après avoir été inspiré par l'ange Moroni, Smith déterra des tablettes d'or qui lui révélèrent que d'anciens Hébreux avaient migré vers l'Amérique du Nord autour de l'an 600 av. J.-C. Après son ministère au Proche-

Orient, le Christ vint prêcher à cette tribu israélite perdue en Amérique, ce qui lui permit de préserver la chrétienté sous sa forme la plus pure. Ces tribus se scindèrent en factions rivales, les Néphites et les Lamanites, les derniers étant les ancêtres des Autochtones d'Amérique. Ces tribus furent liquidées lors d'une bataille en 385.

Mormon, qui était un des prophètes de Dieu en Occident, avait reçu l'ordre divin de recueillir les archives sacrées de l'ancienne Amérique et de les résumer sur de minces feuilles d'or: *Le Livre de Mormon* (d'où le sobriquet de «mormons» donné aux membres de cette Église). Puis, Mormon donna le livre à son fils, le prophète Moroni, qui l'enterra dans l'État de New York. Les écrits restèrent cachés jusqu'à ce que Moroni, alors devenu un ange, les remit à Joseph Smith selon la volonté de Dieu. En 1827, Joseph Smith retrouva les tablettes d'or et reçut de Dieu le pouvoir de les traduire.

L'Église de Jésus-Christ des saints des derniers jours connut de nombreuses difficultés. Elle entra en conflit avec les autorités américaines à cause de la pratique du «mariage plural» (polygamie) qui fut finalement presque entièrement abandonnée en 1890. Après la mort de Smith, les mormons s'établirent en 1847 près de Salt Lake City, sous la direction de Brigham Young. De 1847 à 1869, ils créèrent un État indépendant «Deseret», qui sera intégré à l'Union américaine en 1850 sous le nom de territoire de l'Utah.

CROYANCES ET PRATIQUES

La foi des mormons est fondée sur la Bible, sur les révélations reçues par Joseph Smith (*Doctrines et alliances*) et sur deux ouvrages, *Le Livre de Mormon* et *La Perle de grand prix*. *Le Livre de Mormon*, qui comprend 300 000 mots, est considéré comme un complément à la Bible, permettant de mieux la comprendre.

Le principe essentiel de leur doctrine est le libre arbitre à la base de tout acte et de toute décision. Les mormons croient en une divinité de trois personnages distincts: Dieu le père éternel; son fil Jésus-Christ (être ressuscité); le Saint-Esprit (être d'esprit). Les mormons rejettent le dogme du péché originel et la croyance aux peines éternelles. Ils croient dans une forme de spiritualité préexistante, mais pas dans la réincarnation. Ils ont un système élaboré de vie après la mort. Selon eux, il y a un royaume des cieux à trois paliers: l'échelon supérieur est réservé aux croyants et aux croyantes; le deuxième, aux bons citoyens et citoyennes mais non croyants; et le dernier, au diable et à ses anges.

Persécutés durant leur migration vers le lac Salé (Utah), les mormons ont fait de la liberté de religion une obsession. Leur Église est une entreprise puissante et riche qui grandit rapidement. Elle met l'accent sur le travail dur et le respect des lois. Chaque mormon cède 10 % de son revenu à l'Église (selon la loi de la dîme de la Bible). Une famille de mormons passe jusqu'à quatre soirs par semaine dans des activités religieuses. Tout mormon, âgé entre dix-neuf et vingt-sept ans, peut accomplir une mission d'évangélisation à l'étranger (dix-huit mois) à ses propres frais, ainsi que les femmes et les couples âgés entre vingt et un et quarante ans qui n'ont pas d'enfant à charge. Selon les mormons, 9 portes sur 1000 s'ouvrent pour leurs missionnaires souriants. Pendant leur mission, ils n'ont pas droit à des loisirs comme la télévision, le cinéma, la musique, ni de téléphoner à leur famille ou à leurs amis.

Les mormons ne prennent ni alcool, ni tabac, ni thé, ni café, ni aucune boisson gazeuse contenant de la caféine. L'Église leur dit comment s'habiller, comment couper leurs cheveux et ce que doivent être leurs pratiques sexuelles. Comme les mormons veulent rendre la Terre habitable pour Jésus qui viendra y régner, ils cultivent donc l'amabilité, la franchise, la courtoisie et la discrétion.

ORGANISATION

À la tête de l'Église, un prophète est mandaté pour transmettre les directives du Christ reçues par révélation. L'Église de Jésus-Christ des saints des derniers jours se veut une restauration de l'Église originelle dirigée par le Christ et les douze apôtres: un collège d'apôtres entoure donc le prophète. On trouve aussi un conseil de soixante-dix anciens qui s'occupe des finances.

QUELQUES STATISTIQUES

• Grâce à son zèle déployé pour répandre la foi, l'Église compte plus de 7 millions de membres dans le monde, dont 4 millions vivent aux États-Unis et plus de 100 000 au Canada (1991).

• On dénombre plus de 35 000 missionnaires dans 140 pays. C'est un des mouvements chrétiens les plus dynamiques. Ces dernières années, la croissance la plus forte a été notée en Amérique latine et en Asie.

• Au Québec, après un début très lent, les fidèles sont passés de 1200 en 1970 à environ 6200 (ils étaient 3495 au recensement de 1991). Et le recrutement se poursuit de façon intensive.

CURIOSITÉS

• Brigham Young, le successeur de Joseph Smith, avait 27 épouses!

• Les mormons croient à la possibilité de baptiser les défunts après leur mort (par l'intermédiaire d'un vivant) pour leur assurer la félicité éternelle. Chacun prend donc soin de rechercher sa généalogie pour que tous les ancêtres puissent être baptisés selon les rites mormons. L'Église déploie une importante activité mondiale de recherche généalogique (par microfilmage d'archives d'états civils). Elle possède la plus gigantesque concentration de registres d'états civils du monde. À Little Cottonwood Canyon (Utah), des microfilms portant sur 14 milliards d'individus ont été stockés dans des tunnels percés dans la montagne et aménagés pour la conservation des microfilms.

Science chrétienne

ORIGINES

La *Christian Science*, ou science chrétienne en français, a été fondée en 1879 par l'Américaine Mary Baker-Eddy (1821-1910), subitement guérie des suites d'un grave accident en lisant le récit des guérisons de Jésus dans le Nouveau Testament. Une fois guérie, elle soutint que «le mal» est imaginaire: il suffit de le vouloir fortement pour recouvrer la santé. En 1875, elle publia à Boston *Science et santé avec la clef des Écritures*, un ouvrage qui affirme qu'une prière disciplinée guérit les douleurs physiques. Dans la même ville est créée, en 1879, l'Église du Christ (science chrétienne).

CROYANCES ET PRATIQUES

La science chrétienne a été fondée pour «rétablir l'élément perdu de guérison» dans le christianisme. Elle n'est pas à proprement dit thérapeutique. Elle considère plutôt le mal comme un mensonge. L'Église du Christ refuse la prétention du mal à être «réel» au point de terrasser le bien. Les guérisons sont vues comme la conséquence d'une prise de conscience de la supériorité du bien sur le mal. L'Église du Christ n'a aucun clergé ni sacrement. Elle a pour uniques pasteurs la Bible et le livre *Science et santé avec la clef des Écritures*.

La science chrétienne est aussi connue pour la qualité de sa publication, *The Christian Science Monitor*, qui lui vaut une réputation internationale.

QUELQUES STATISTIQUES

- La science chrétienne compte environ 150 000 membres dans 70 pays, dont les trois quarts sont aux États-Unis.

- L'Église du Christ s'est développée en Afrique noire, en Europe de l'Est et en Russie.

Armée du Salut

ORIGINES

Les salutistes ont été fondés en 1865, à Londres, par le pasteur méthodiste William Booth et sa femme Catherine. Fortement ému par les injustices et la pauvreté, Booth a voulu sauver les êtres humains en luttant contre la misère, le vice et le péché. En 1878, la Mission chrétienne de Booth devint l'Armée du Salut.

CROYANCES ET PRATIQUES

Les salutistes ne prêchent pas vraiment une doctrine. Leur principale mission, c'est la charité. La foi des salutistes est fondée sur la Bible et Jésus-Christ. Aucun sacrement n'est pratiqué dans l'Armée du Salut, mais chaque salutiste peut y recourir dans une Église.

«Il faut répandre le sang du Christ et le feu du Saint-Esprit dans tous les coins du monde», affirmait William Booth. Mais il est difficile de «sauver un homme qui a les pieds mouillés», poursuivit-il. Il faut donc assurer le salut corporel pour préparer le salut des âmes. D'où le fameux mot d'ordre des trois «S»: «Soupe, Savon, Salut».

ORGANISATION

L'Armée du Salut dispose depuis 1877 d'une organisation très centralisée et d'une hiérarchie calquée sur celle des armées. Les salutistes portent un uniforme et sont dirigés par un «général» élu par un Haut Conseil.

QUELQUES STATISTIQUES

• L'Armée du Salut est présente dans près de 90 pays et compte environ 4 millions de membres. Elle est relativement peu implantée en Europe, mais elle connaît une nette progression dans le reste du monde.

• On compte plus de 112 000 salutistes au Canada, dont 1220 membres vivent au Québec (1991).

Islam

ORIGINES

L'islam est la religion de Mahomet (ou Muhammad) et de ses fidèles. Né au VIᵉ siècle de notre ère, Mahomet se présenta comme le dernier et le plus grand des prophètes. Il avait quarante ans lorsqu'il reçut, dans une caverne d'une montagne près de La Mecque (Arabie Saoudite), les révélations d'Allah par l'archange Gabriel. Dieu (Allah) l'avait choisi comme son envoyé auprès des hommes et lui dicta les premières paroles du Coran dont la révélation allait s'échelonner sur vingt-trois ans.

Mahomet se mit alors à prêcher la nouvelle religion, l'islam («soumission à Dieu»). Il constitua autour de lui un petit groupe de musulmans. L'opposition à l'apostolat de Mahomet se manifesta d'abord par des polémiques et des railleries. Puis, il y eut des persécutions par les dirigeants de La Mecque.

Mahomet et ses compagnons cherchèrent un refuge à Yathrib, petite oasis située à 350 kilomètres au nord-ouest de

La Mecque. Cette fuite a été appelée «l'hégire». Là, Mahomet établit un État islamique. Cette oasis fut dès lors appelée Médine, «la ville du prophète».

Ensuite, Mahomet s'engagea dans des guerres saintes afin de soumettre un certain nombre de tribus. Contrairement à d'autres religions qui ont évolué lentement à partir de légendes, l'islam se répandit comme une traînée de poudre. Quelques années après la mort de Mahomet en 632, l'islam s'étendait jusqu'à la péninsule arabique. En moins d'un siècle, l'islam s'était répandu de Gibraltar à l'Himalaya.

LIVRES SACRÉS

Coran

C'est le livre sacré des musulmans. Il compte 6236 versets, répartis en 114 chapitres, appelés sourates. Les sourates sont classées non par ordre chronologique, mais par ordre de longueur décroissante. Chaque sourate s'ouvre par cette invocation: «Au nom de Dieu, le Clément, le Miséricordieux» que le musulman prononce avant d'entreprendre une action importante (repas, discours, travail, etc.). Pour comprendre le Coran, il faut le connaître en entier ou l'apprendre par cœur, comme le font les enfants et les adultes dans les écoles coraniques.

Le Coran contient les révélations que Mahomet a reçues de Dieu par l'entremise de l'archange Gabriel. C'est un recueil de préceptes moraux qui constitue le fondement de la religion musulmane, la source unique du droit, de la morale, de l'administration, etc. Les sourates du Coran se répartissent selon quatre thèmes: les croyances de la foi, le culte prescrit, l'action de l'homme dans sa finalité morale et les relations des hommes entre eux. Le Coran comprend, entre autres, des données générales pour fixer les bases de la législation familiale ainsi que celles des relations civiques et des obligations civiles, laissant les détails d'application aux diverses jurisprudences.

Le Coran répète avec insistance qu'il n'y a qu'un seul Dieu, Allah. Il est le créateur de tout ce qui existe et rien n'existe en dehors de lui. Le livre sacré précise également que Dieu a envoyé à chaque communauté un prophète, un livre sacré, une loi: Abraham, puis Moïse ont reçu la Torah; Jésus, l'Évangile; Mahomet, le Coran. Comme la Bible, le Coran annonce que Dieu, à la fin des temps, jugera les hommes et les communautés.

Sunna

Après le Coran, c'est la deuxième source d'enseignement de la religion musulmane. La Sunna rapporte les paroles et les faits et gestes du Prophète. Elle contient aussi des récits sur Mahomet et ses premiers disciples qui ont été transmis de génération en génération. Ce sont souvent des proverbes ou des histoires pieuses.

Charia

C'est la Loi où sont prescrites les règles et les recommandations de l'islam. C'est dans la Charia que sont mentionnés les actes obligatoires (l'aumône, par exemple), blâmables (la consommation de viande de porc ou d'alcool) et interdits (le meurtre).

CROYANCES ET PRATIQUES

La foi des musulmans repose essentiellement sur l'unité et l'unicité de Dieu. Le dogme principal tient en une ligne: «Il n'y a qu'un Dieu, Allah, et Mahomet est son prophète.» Il prescrit la soumission à la volonté de Dieu et cette soumission s'appelle «islam».

La pratique de la religion se résume en cinq obligations appelées les «cinq piliers de l'islam».

1. La profession de foi. Elle doit être prononcée en arabe: «Il n'y a d'autre Dieu qu'Allah et Mahomet est l'envoyé d'Allah.»

2. La prière. Elle doit être dite cinq fois par jour (aube, midi, après-midi, coucher du soleil et soir). Elle est récitée en direction de La Mecque par le croyant. Elle comporte quatre postures: debout, inclinée, prosternée, assise sur les talons. Elle est précédée d'un rite d'ablution avec de l'eau ou du sable.

3. Le jeûne du ramadan. Le jeûne est obligatoire pour tout musulman (sauf exceptions) pendant le mois du ramadan. De l'aube au coucher du soleil, il est interdit de manger, de boire, d'avoir des relations sexuelles et de fumer.

4. Le pèlerinage à La Mecque. Tout musulman qui en a la force et les moyens doit faire ce pèlerinage au moins une fois dans sa vie.

- Chaque année, environ deux millions de musulmans se rendent en pèlerinage à La Mecque, en Arabie Saoudite, où est né le prophète Mahomet. La population de La Mecque compte environ 300 000 personnes, tous des croyants. La coutume demande aux pèlerins de ne pas se couper les ongles et les cheveux, de ne pas manifester leur colère en élevant la voix, et de n'avoir aucune activité sexuelle. Les animaux ne peuvent être chassés du sanctuaire.

- L'accès à La Mecque est strictement interdit à qui n'est pas musulman. L'aventurier britannique sir Richard Burton s'était déguisé en Arabe et s'était même fait circoncire pour visiter La Mecque en 1853.

5. L'aumône. Obligatoirement payée par les seuls citoyens musulmans, elle est consacrée en principe à l'entraide sociale et s'applique aux biens et aux revenus suivants: or, argent, marchandises, bénéfices commerciaux, produits de la terre et bestiaux.

Dans la vie quotidienne, la Charia interdit de consommer du porc et la viande des animaux qui n'ont pas été saignés. Un bon musulman ne boit pas de vin. Le port du voile pour les femmes est recommandé, mais il n'est pas obligatoire (bien que certains États islamiques l'exigent). Il n'y a pas de clergé, mais seulement des guides religieux (ulémas, mollahs) qui interprètent la loi et voient à son application.

PRINCIPAUX COURANTS

Un peu d'histoire

Le monde islamique ne forme pas un tout centralisé, avec une autorité unique. L'islam se répartit en plusieurs «familles d'esprit». Toutefois, on peut parler de deux grandes traditions religieuses: les chiites et les sunnites.

Dès 658, les musulmans se divisèrent, notamment à propos de la succession du Prophète et du rôle des compagnons de Mahomet, les imams. Après sa mort, comme le Prophète n'avait donné aucune précision sur la manière de choisir ses «lieutenants» ni sur leur succession, les musulmans se dressèrent les uns contre les autres pour le choix du calife. Ali, le gendre de Mahomet, prétendit, vingt ans après la mort du Prophète, devenir calife. Contre lui se déclara la majorité des musulmans: les sunnites. Ali fut brutalement évincé au profit d'un membre d'une grande famille de La Mecque, les Omeyades. Ceux-ci créèrent la première dynastie de califes.

Les partisans d'Ali ou chiites se soulevèrent tout de suite contre les Omeyades, les accusant d'avoir supprimé du Coran les passages où Mahomet aurait désigné Ali comme successeur. Ils se sont séparés de la majorité des musulmans fidèles à la tradition et aux Omeyades. Les Chiites considéraient que le calife ne devait pas assumer le pouvoir temporel comme le préconisaient les sunnites; il devait se limiter à un rôle d'imam pourvu d'un pouvoir charismatique, strictement réservé à Ali et à sa famille.

Les chiites

Les chiites constituent à peu près 10 % du monde musulman. Ce sont surtout des Iraniens (le chiisme est la religion officielle de l'Iran), mais on trouve des communautés chiites importantes au Liban, en Irak, en Inde, en Syrie et au Pakistan. L'imam est considéré comme leur véritable leader religieux et civil.

Les sunnites

Les sunnites constituent la majorité du monde musulman, soit environ 90 %. Ils accordent plus d'importance que les chiites à l'autorité politique. Les califes ont joué un rôle prépondérant dans le passé pour l'expansion de l'islam et ce rôle est aujourd'hui rempli par les chefs des États islamiques. Le rôle du chef politique est de faire observer l'autorité de Dieu. Celle-ci est interprétée par les docteurs ou ulémas, porte-parole de la communauté croyante aptes à interpréter la Charia. Le vrai leader des sunnites est le chef politique et non pas les docteurs, qui ne sont là que pour interpréter la Loi et pour conseiller.

QUELQUES STATISTIQUES

- On estime à plus de 1 milliard le nombre de musulmans dans le monde, soit environ 20 % de la population mondiale. Voici comment ils sont répartis:

Asie non arabe*	570	millions
Afrique	200	millions
Asie arabe**	180	millions
Europe	65	millions
Amérique du Nord	5	millions
Amérique du Sud	3	millions
Australie	1	million

* Afghanistan, Bangladesh, Birmanie, Chine, Inde, Indonésie, Pakistan, Iran, Israël, Turquie.
** Arabie Saoudite, Irak, Jordanie, Koweït, Liban, Syrie, etc.

- On dénombrait, au dernier recensement canadien (1991), plus de 253 000 musulmans au Canada, dont près de 45 000 vivaient au Québec. Les musulmans du Québec sont principalement originaires du Maroc, de l'Algérie, de la Tunisie, de la Turquie, du Liban et de l'Iran. Près de 300 Québécois et Québécoises se sont convertis à l'Islam.

- Les premiers musulmans à s'installer au pays sont arrivés au milieu du XIXᵉ siècle. La communauté musulmane canadienne a connu une forte croissance après la Deuxième Guerre mondiale (13 en 1871; 100 000 en 1981; 253 000 en 1991).

CURIOSITÉS

- La plus ancienne mosquée: la mosquée al-Malawiya, à Samarra, en Irak, fut construite de 842 à 852. Elle est aujourd'hui en ruine.

- Le minaret (tour d'une mosquée) ancien le plus haut: celui de Qtub, au sud de New Delhi (Inde). Construit en 1194, il mesure 72 mètres.

- Le minaret le plus haut: celui de Hassan II, à Casablanca. Il mesure 175 mètres.

- La mosquée la plus vaste: celle de Shah Faisal (Pakistan). Elle peut accueillir 100 000 fidèles dans la salle des prières.

- La plus grande mosquée encore fréquentée: celle des Omeyades à Damas (Syrie). Elle couvre une superficie de 1,5 hectare.

- La première mosquée au Québec: construite à Ville Saint-Laurent en 1965 pour le Centre islamique du Québec.

MOTS CLÉS

Ayatollah. Titre qui désigne chez les chiites ceux qui sont dignes de pratiquer l'interprétation de la volonté de l'imam et ont reçu de leur maître l'autorisation d'enseigner la théologie.

Calife (de l'arabe *khalifa* qui signifie «lieutenant»). Successeur de Mahomet, chef religieux et politique du monde musulman, représentant du prophète et dépositaire de la Loi islamique (Charia).

Califat. Système politico-religieux qui régit en principe l'ensemble de la communauté musulmane. L'histoire arabo-musulmane a été marquée par plusieurs califats.

Charia. Loi religieuse comprenant l'ensemble des obligations procédant du Coran et de la Sunna. Cette loi embrasse tous les aspects de la vie individuelle et collective des musulmans.

Djihad. Désigné couramment par «guerre sainte», ce terme renvoie plutôt à l'«effort collectif» des musulmans, qui ont le devoir de lutter pour la défense et les progrès de l'islam.

Émir. Ce titre, qui signifie «Commandeur des Croyants», fut adopté par Omar, le beau-père de Mahomet, puis par les califes abbassides et les sultans jusqu'en 1924. Le roi du Maroc porte actuellement le titre d'émir. Cette appellation est aussi donnée à des chefs locaux ou à des officiers.

Hégire. Mot arabe qui signifie «fuite». Renvoie à la fuite de Mahomet à Médine, première date de la chronologie musulmane (622 de l'ère chrétienne).

Hadj. Titre religieux obtenu par les musulmans qui ont fait un pèlerinage à La Mecque.

Imam. Nom qui signifie «celui qui marche devant». L'imam préside les prières officielles à la mosquée. Les imams sont considérés comme les successeurs légitimes du Prophète.

Mollah. Guide religieux chez les chiites.

Mosquée. Lieu de prière et de rassemblement.

Muezzin (mot turc). Fonctionnaire religieux attaché à une mosquée et dont la fonction consiste à appeler du minaret les fidèles à la prière.

Musulman. Vient d'un mot arabe qui signifie «fidèle, croyant».

Ramadan (9e mois du calendrier musulman). Mois pendant lequel les musulmans jeûnent de l'aube au coucher du soleil; à ce moment, il est interdit de manger, de boire, de fumer, de respirer des parfums et de s'adonner à des plaisirs charnels. Il est aussi recommandé pendant ce mois de dire des oraisons spéciales et de lire le Coran en entier. Les nuits du ramadan, au cours desquelles tous les interdits sont levés, se déroulent souvent dans une ambiance de fête. Enfin, la fin du jeûne donne lieu aussi à une fête. (Le calendrier musulman est différent du nôtre. Il comprend douze mois d'une durée de 29 ou 30 jours. C'est l'apparition d'une nouvelle lune qui marque le changement de mois. L'année comprend 354 ou 355 jours.)

Soufi. Mystique musulman, tourné vers la vie intérieure et qui emprunte parfois une voie hermétique d'union à Dieu.

Sourate. Chapitre du Coran. Chaque chapitre est divisé en versets.

Uléma. Docteur de la loi musulmane.

Vizir. Mot turc qui renvoie historiquement au membre du conseil des califes. C'est une sorte de premier ministre.

Autres grandes religions

Bouddhisme

ORIGINES

Le bouddhisme, qui est, en fait, plus une philosophie qu'une religion, a été fondé en Inde par le prince Siddharta Gautama il y a plus de 2500 ans (VIe siècle av. J.-C.). Celui-ci fut soudainement illuminé et prit le nom de Bouddha ou «l'Éveillé».

Bouddha vit le cycle sans fin des renaissances: chaque être vivant traverserait une série indéfinie d'existences parmi les êtres humains, les dieux, les animaux et les damnés; chacune de ces renaissances aurait sa part de bonheur et de malheur, et serait déterminée par la valeur morale des actes accomplis dans les vies précédentes.

Lors de l'Éveil, Bouddha découvrit que toute existence était, par nature, une souffrance et que la cause de cette souffrance universelle était la soif d'exister, qui conduisait à renaître. La fin de cette soif entraînerait la fin de la renaissance et, par là, la fin du malheur inhérent à l'existence. La fin de la souffrance, donc la délivrance du cycle des renaissances et des souffrances, serait obtenue en suivant la Sainte Voie (voir plus loin les «Quatre Nobles Vérités» découvertes par Gautama lors de l'Illumination).

Grâce à la conversion de l'empereur Açoka (milieu du IIIᵉ siècle av. J.-C.), le bouddhisme se répandit en Inde et au Sri Lanka. Plus tard, il fit des adeptes au Sud-Est asiatique, en Asie centrale, en Chine (IIᵉ siècle apr. J.-C.), au Japon (VIᵉ siècle), au Tibet (VIIᵉ siècle) et en Mongolie (XIIIᵉ siècle). En Inde, il connut une grande popularité jusqu'au VIIIᵉ siècle, puis déclina et disparut plus ou moins après le XIIIᵉ siècle.

CROYANCES ET PRATIQUES

Les croyances du bouddhisme ressemblent sur plusieurs points à celles de l'hindouisme, d'où il est d'ailleurs issu: tous les êtres vivants sont destinés à renaître continuellement dans ce monde. Selon la loi cosmique de la cause et de l'effet (karma), la conduite vertueuse est récompensée dans les réincarnations futures et la mauvaise conduite est punie. Pour le bouddhisme comme pour l'hindouisme, le monde est souffrance et les sages devraient chercher le soulagement de cette souffrance. Un autre aspect du bouddhisme est l'idée de renonciation: la voie de la sagesse est de dompter les appétits et les passions de la chair.

Mais si les bouddhistes et les hindouistes partagent ces idées et ces objectifs, ils ne s'entendent pas sur les moyens d'y parvenir. Bouddha était convaincu que les mortifications spectaculaires des hindouistes étaient vaines et inutiles. Il préférait ce qu'on a appelé la *voie du milieu*.

Le cœur de l'enseignement de Bouddha est contenu dans les Quatre Nobles Vérités et les Huit Sentiers. Les Quatre

Nobles Vérités traitent des causes des souffrances et de leur guérison, alors que les Huit Sentiers sont les techniques pour guérir.

Quatre Nobles Vérités

La doctrine bouddhique a pour base les quatre vérités découvertes par Gautama lors de l'Éveil.

1. Toute vie n'est qu'une suite de douleurs.
2. La souffrance est causée par la soif d'exister, par le désir avide, passionné et égocentrique.
3. En supprimant le désir, on annule la douleur.
4. La cessation de la souffrance est obtenue en suivant la Sainte Voie aux huit membres, c'est-à-dire en mettant en œuvre les Huit Sentiers, dont la méditation et la conduite morale. Le terme de cette voie est appelé nirvana, un état de sérénité, de paix éternelle, sans origine, sans devenir, sans fin.

Huit Sentiers

Le symbole du bouddhisme est la Roue de la Doctrine dont les huit rayons représentent les huit sentiers qui permettent d'arriver au nirvana. Ce sont:

1. la pureté de foi;
2. la pureté de volonté;
3. la pureté d'action;
4. la pureté de langage;
5. la pureté de vie;
6. la pureté d'application;
7. la pureté du souvenir;
8. la pureté de la méditation.

Cinq Interdictions

Les disciples de Bouddha précisèrent la signification du troisième et du quatrième sentiers en formulant les «Cinq Interdictions».

1. Ne pas tuer.

2. Ne pas voler.

3. Ne pas commettre d'actes impurs.

4. Ne pas mentir.

5. Ne pas boire de boissons enivrantes.

Le but spirituel est le nirvana. La condition essentielle pour être illuminé et heureux est de renoncer progressivement à tout, y compris au désir. On arrive ainsi au nirvana. C'est alors la délivrance, un état de sérénité qui dure jusqu'à la mort du sage, après laquelle celui-ci ne renaît plus jamais nulle part. Le sage parvenu au nirvana, ou *bouddha*, est l'objet d'un culte.

Quelques paroles attribuées à Bouddha

- Celui qui a compris que toute chose est périssable ne craint plus la douleur.

- Celui qui a renoncé à tout bien, éloigné les tentations, renoncé aux désirs, est le plus grand des hommes.

- Il est difficile d'apprendre à se dominer, mais celui qui en est capable aidera les autres, par son exemple, à y parvenir.

- Les actes mauvais et dangereux pour nous-mêmes sont faciles à accomplir. Il est difficile de faire ce qui est bon et utile.

- L'homme vertueux, intelligent, juste, sincère et qui s'occupe de ses affaires est aimé du monde entier.

- La haine ne peut mettre fin à la haine. L'amour oui.

- Des paroles blessantes et coléreuses retomberont sur toi. Ne parle à personne méchamment, car on te répondra sur le même ton.

- Celui qui vénère les vieillards verra augmenter son bonheur, sa force et sa beauté.

- Celui qui fait le mal pleure dans ce monde... et pleurera dans l'autre.

RITES

Sur le plan de la pratique, le bouddhisme n'a ni papes, ni autorité centralisée, ni cérémonies élaborées pour ceux qui se convertissent. Le bouddhisme s'oppose aux castes et croit que tous les hommes sont égaux dans leur potentiel spirituel. Le bouddhisme est une foi avec culte et célébration, mais une religion sans dieu au centre de ses célébrations.

Les fêtes bouddhistes sont nombreuses; certaines d'entre elles ont pour raison d'être de transmettre la mémoire d'un ou de plusieurs événements de la vie de Bouddha.

Le culte consiste en diverses attitudes et divers gestes de vénération, en offrandes de fleurs, de parfums, de musique, de chants de louanges, de récitations de textes sacrés attribués au Bouddha. À cela s'ajoutent le culte des reliques du Bouddha et les pèlerinages aux lieux saints.

GRANDS COURANTS DU BOUDDHISME

Le courant restreint

Ce courant est particulièrement présent au Sri Lanka, en Birmanie et au Viêtnam. La religion est surtout l'affaire des moines bouddhistes ou bonzes. C'est le courant de stricte observance ou «petit véhicule». L'accent est mis sur la simplicité de la vie.

Le courant élargi ou laïque

On trouve ce courant surtout au Japon, en Chine et en Corée. C'est le bouddhisme «pour tous», et non seulement pour les moines. Il y a une organisation religieuse pour le grand public. On observe une tendance à diviniser Bouddha et à lui rendre un culte. L'accent est mis sur la bienveillance et l'accueil des autres.

Le courant ritualiste

Ce courant est surtout présent au Tibet. On l'appelle souvent le tantrisme bouddhique parce que sa littérature, en sankrit, est constituée d'ouvrages nommés *Tantra*, «trame de l'étoffe». Le tantrisme est l'art de traverser la trame des apparences pour arriver à l'illumination. Cet art repose sur des moyens concrets qu'il faut multiplier et exécuter avec précision tels les exercices physiques. L'accent est mis sur la fidélité aux règles traditionnelles.

Le courant zen

Le zen est issu du Japon. C'est la rencontre entre le bouddhisme et la tradition sino-japonaise qui insiste sur l'équilibre entre les contraires. Le zen n'est pas une religion; il n'a pas de doctrine et ne reconnaît ni l'au-delà, ni aucun Dieu, ni le bien, ni le mal. Il préconise une illumination lente et graduelle, qui se réalise avec la qualité des postures du corps. L'intuition et la sagesse du corps influencent le corps et l'esprit dans la vie quotidienne.

QUELQUES STATISTIQUES

- Le bouddhisme a connu une grande popularité en Inde jusqu'au VIIIe siècle, puis il a plus ou moins disparu progressivement, étouffé ou assimilé par l'hindouisme après le XIIIe siècle. Aujourd'hui, moins de 1 % de la population indienne est bouddhiste.

- Le bouddhisme est la religion officielle du Bhoutan, du Cambodge et de la Thaïlande. Il demeure florissant au Sri Lanka, en Birmanie, en Chine, au Viêtnam, au Japon ainsi qu'au Népal, au Tibet, en Mongolie et en Sibérie.

- Il y a environ 375 millions de bouddhistes dans le monde. On en compte plus de 163 000 au Canada, dont quelque 32 000 vivent au Québec (1991).

CURIOSITÉ

- Le plus grand temple bouddhiste du monde date des années 700. Il se trouve près de Djogjakarta, en Indonésie. Il fait 123 mètres de côté et 31,5 mètres de haut.

Confucianisme

ORIGINES

Le confucianisme a été fondé en Chine par Confucius, vers 500 av. J.-C. Confucius était un contemporain du prince Gautama, le bouddha. Sa vie personnelle fut empreinte d'étude et de perfectionnement.

Confucius circula de royaume en royaume, indiquant comment devait se comporter «l'homme de bien». Un honnête homme ne devait pas s'abandonner à la colère; il devait accepter son sort avec humilité, honnêteté, bonté, respect des aînés, obéissance au maître. Beaucoup des paroles du philosophe furent recueillies et écrites, par exemple: «Ne fais pas aux autres ce que tu ne veux pas qu'ils te fassent.»

Confucius croyait en un Ciel régulateur de l'ordre moral et social, mais refusait de parler de divinités, de démons et des esprits des morts, même s'il adhérait au culte des ancêtres.

Le confucianisme, qui prônait le respect de la famille et des institutions, se répandit au Japon et en Corée.

CROYANCES ET PRATIQUES

Le confucianisme ne peut pas recevoir le nom de religion dans le sens le plus strict du terme. C'est plutôt une morale, une éthique philosophique de perfectionnement humain en vue de maintenir l'ordre social, la prospérité et la paix.

Les confucianistes parlent du «ciel» et de l'«ordre céleste» qu'il faut respecter, mais ils ne croient pas en un Dieu personnel. Ce qui importe avant tout, c'est le respect de l'«ordre céleste», entre les êtres humains, dans la vie sociale et dans la vie morale concrète.

La règle d'or du confucianisme est la «doctrine du milieu» (*Tchong Yong*). C'est l'art d'équilibrer ses pensées, ses sentiments et ses gestes aux exigences des situations concrètes. Si l'on veut vivre selon le *Tchong Yong*, il faut observer cinq relations fondamentales: relations entre le père et le fils; relations entre le frère aîné et les frères puînés; relations entre l'époux et l'épouse; relations entre les anciens et les jeunes; relations entre les gouvernants et les sujets.

QUELQUES STATISTIQUES

- On estime entre 150 et 300 millions le nombre d'adeptes du confucianisme (dont beaucoup peuvent être comptés par ailleurs comme bouddhistes). Ils sont localisés en Chine, au Japon, au Viêtnam et dans d'autres pays de l'Extrême-Orient et du Sud-Est asiatique.

- Au Canada, on trouve 400 adeptes du confucianisme (1991). Précisons que les estimations, qui varient beaucoup, sont rendues difficiles par les contours flous de ce type de doctrine.

𝕳𝖎𝖓𝖉𝖔𝖚𝖎𝖘𝖒𝖊

ORIGINES

Cette religion n'a ni fondateur, ni prophète, ni clergé, ni dogme. Elle laisse aux croyants et aux croyantes une grande liberté. L'hindouisme constitue la forme populaire actuelle des anciennes religions de l'Inde. Ces religions, autrefois védiques (c'est-à-dire apportées en Inde, au XIᵉ av. J.-C., par les Indo-Européens et consignées dans les livres sacrés dits *Veda*) et brahmaniques (c'est-à-dire professées par les *brahmanes*), se sont modifiées au cours des ans tout en gardant le principe général suivant: seule existe une «âme universelle», l'existence individuelle corporelle étant une illusion. Cette âme universelle se présente sous l'aspect d'un dieu triple: Brahmâ (création), Vishnu (conservation) et Çiva (destruction et transformation). Chacun de ces volets se manifeste de différentes façons, et ce sont ces manifestations que l'on adore.

LIVRES SACRÉS

Les livres sacrés hindous sont nombreux:

* les **Veda,** rassemblés entre le XVIIIᵉ et le VIIIᵉ siècle av. J.-C.;

* les **Brahmana,** traités de rituels utilisés par les prêtres (les brahmanes), rédigés entre le XIᵉ et le VIIIᵉ siècle av. J.-C.;

* les **Upanishad** écrits entre le VIIIᵉ siècle av. J.-C. et le début de notre ère. Le terme *Upanishad* désignait à l'origine des séances qui se tenaient au pied d'un maître. Ces maîtres, dits *rishis* (sages), menaient une réflexion sur l'ultime réalité du monde et le sens de l'existence humaine. À leurs yeux, la vie se caractérisait par la mouvance perpétuelle, rien n'ayant de commencement absolu ni de fin véritable, l'univers tournant à l'infini comme la roue d'un char.

La piété populaire se nourrit de légendes innombrables et de deux grandes épopées, le Mahabharata et le Ramayana.

CROYANCES ET PRATIQUES

Selon l'hindouisme, le monde est un tout organisé et unifié. L'idéal pour un individu est de prendre sa place dans l'ordre du monde. Et pour prendre sa «vraie» place dans ce tout unifié et organisé, il lui faut se libérer des illusions et des apparences. Il lui faut vivre non pas replié sur soi, mais en cherchant toujours à se fondre progressivement dans le grand tout organisé qu'est l'âme universelle, le Brahmâ. Le salut, pour l'hindouiste, consiste donc dans l'absorption complète de la personne dans le Brahmâ.

Dieu, pour les hindous, est au-delà des idées et des sentiments. Quand il se manifeste aux êtres humains, il le fait sous des apparences multiples. Ces incarnations, descentes des «dieux» ou figures de Dieu sur la terre, ont un nom et une histoire, évoqués dans les temples et les livres sacrés: Çiva, Vishnu, etc. Jésus-Christ est considéré dans l'hindouisme comme un avatar de Brahmâ.

Les hindous croient à l'immortalité de l'individu; l'âme de celui-ci se réincarne sans cesse dans des êtres supérieurs ou inférieurs. Ce qui revient à dire qu'on reprend vie dans un autre corps et que la mort n'est pas un point final. Selon la loi du karma, chaque hindou considère son existence actuelle comme déterminée par ses vies antérieures, par les actes bons ou mauvais qu'il a accomplis.

Les hindous pratiquent leur religion de façons très diverses. Certains célèbrent surtout un dieu, d'autres une multitude de dieux qui sont les faces multiples d'un seul dieu. Les trois principaux sont: Brahmâ (dieu de la création), Vishnu (dieu de la conservation) et Çiva (dieu de la destruction). Parmi les dieux populaires, on trouve Krishna, dieu de l'amour.

Les coutumes, les croyances et les interdits alimentaires varient beaucoup également. Le culte individuel consiste en pratiques ascétiques, pénitences, mortifications, méditations (pratiques poussées à l'extrême par les fakirs).

ORGANISATION

Le société hindoue est divisée en quatre groupes ou «classes», *varna*, terme qui signifie littéralement «couleur».

Les **brahmanes**. Cette classe supérieure a dominé l'Inde jusqu'à nos jours; les brahmanes sont dépositaires des *Veda* et spécialistes des rites.

Les **ksatriya** ou guerriers. Ils ont la charge de protéger leur royaume et le monde et d'offrir des sacrifices pour la prospérité de la terre.

Les **vaiçya** ou marchands. Ce sont les producteurs de biens matériels.

Les **çudra**. Ils n'ont pas de spécialité, mais ils se définissent comme les serviteurs des trois varna supérieurs.

En dessous de ces quatre castes, il y a les intouchables. La Constitution de 1947 a aboli officiellement ce système social rigide.

QUELQUES STATISTIQUES

- Il y a plus de 700 millions d'hindous dans le monde. La majorité vit en Inde (685 millions). On en trouve aussi au Pakistan, au Népal, au Sri Lanka, au Bengladesh, en Indonésie, en Afrique et aux Antilles. L'hindouisme est la religion officielle du Népal.

- On a recensé près de 157 000 fidèles au Canada, dont 14 120 vivent au Québec (1991).

Taoïsme

ORIGINES

On fait remonter le taoïsme à Lao Tseu, ou «vieux maître», un des pères de la sagesse chinoise (IVe siècle av. J.-C.). Lao Tseu a mis, à la base de sa philosophie, la recherche du «Tao» ou «Voie» qui conduit au ciel. Le taoïsme est un mélange de philosophies, de croyances et de pratiques populaires. Il a emprunté diverses notions au confucianisme et au bouddhisme, et adopté des rites et des croyances théistes, mais il demeure avant tout une doctrine de la sagesse.

LIVRE SACRÉ

Le livre sacré des adeptes du taoïsme est le *Tao-teh-king*, le livre de la raison et de la vertu. Il enseigne que le tao est à l'origine de toutes les choses du monde et doit être suivi par tous ceux et toutes celles qui veulent vivre une bonne vie.

CROYANCES ET PRATIQUES

Le *Tao-teh-king* n'explique jamais ce qu'est le tao. Le tao serait un «principe régulateur de l'Univers», un principe qui préside à l'origine de la vie, un principe d'ordre et de réalisation. L'ordre supérieur ne se réalise que par une connaissance parfaite de la nature et des choses. Le tao insiste sur la responsabilité de l'individu. Il n'est pas seulement question de la recherche du juste milieu dans la vie sociale, comme dans le confucianisme, mais aussi de la recherche de l'équilibre en tout: dans la vie personnelle et intime, dans les rites alimentaires et respiratoires, etc. Le sage taoïste incarne l'équilibre même et il est capable de vivre au diapason des énergies complémentaires du Yang et du Yin. Contrairement au confucianisme et au bouddhisme, les adeptes du taoïsme peuvent s'adonner à la divination, à l'alchimie et à la magie.

ORGANISATION

Le taoïsme comprend un clergé régulier, vivant dans des monastères, et un clergé séculier: prêtres des villages, des hommes mariés qui ne revêtent leurs habits que pour officier au temple. Ils pratiquent les sciences occultes.

Une cérémonie taoïste à lieu a la suite d'une demande individuelle émanant d'un laïc, pour lui-même ou pour d'autres.

QUELQUES STATISTIQUES

• On compte environ 400 millions de taoïstes en Asie, dont de 30 à 50 millions vivent en Chine et au Viêtnam, plus de 4 millions en Amérique, environ 200 000 en Europe et 1700 au Canada (1991).

Quelques religions et philosophies dans le monde

Baha'isme

ORIGINES

Le baha'isme, aussi appelé foi baha'i, a été fondé au XIXe siècle. Le mot «baha'i» vient du nom du fondateur de la religion, Baha'U'llah, qui signifie «Gloire de Dieu».

En 1844, un jeune marchand de Chiraz (Iran) annonça qu'un Grand Éducateur viendrait inaugurer une ère de paix universelle. Il se fit appeler le «Bab» (la Porte). En 1850, il fut mis à mort après avoir fait des milliers d'adeptes. Puis, en 1863, apparut le prophète annoncé par le Bab: Baha'U'llah, qui déclara être la grande manifestation de Dieu.

137

CROYANCES ET PRATIQUES

Les adeptes de la foi baha'i croient en l'unité de Dieu, qui a créé et maintient l'univers. Le baha'isme appelle à l'instauration d'une foi universelle fondée sur le dépassement des conflits raciaux, religieux et sociaux. Il comprend des préceptes moraux basés sur la paix universelle.

Un ou une adepte baha'i doit aimer Dieu et l'humanité, être juste, digne de confiance, humble et courtois. Le baha'isme prescrit la monogamie, la chasteté et la décence. Il décourage le divorce et encourage la vie familiale. Il soutient l'instruction obligatoire et abolit toute pratique d'ascétisme, de mendicité et de vie monastique. La pratique religieuse se résume à la prière trois fois par jour et à un jeûne annuel qui a lieu du 2 au 21 mars.

QUELQUES STATISTIQUES

- La foi baha'i compte environ 5 millions de fidèles dans le monde. La plupart vivent en Inde.

- En Amérique du Nord, on en dénombre environ 200 000, dont 14 730 vivent au Canada et 1190, au Québec (1991).

- Le mouvement est en pleine croissance, notamment en Afrique noire et en Amérique latine. Son centre international spirituel et administratif est à Haïfa, en Israël.

Jaïnisme

ORIGINES

Né au VIe siècle av. J.-C. dans le Nord de l'Inde, le jaïnisme est un mouvement de protestation contre l'hindouisme. Son fondateur est le prince Mahavira, qui renonça à sa vie familiale pour devenir un ascète itinérant et pour tenter d'échapper au cycle infernal des réincarnations. Mahavira pensait que la libération personnelle du monde physique pour un monde spirituel demeurait la tâche humaine essentielle; cette libération ne pouvait être obtenue que par une vie juste et irréprochable.

CROYANCES ET PRATIQUES

Les jaïns ne reconnaissent aucune divinité suprême. L'être le plus élevé de leur cosmologie est l'Homme parfait. Le jaïnisme repose sur le dualisme de l'âme, ou de la vie (*jîva*) et de la non-vie (*ajîva*). Tout être animé, ne fût-ce la plus petite des créatures, possède un *jîva* ou principe vital (une âme, dirait-on dans nos sociétés). Par ailleurs, le principe vital se trouve englué dans la matière qui est corporelle, dotée de qualités sensibles et composée d'atomes. Aussi faut-il que le *jîva* se libère de la matière qui l'entoure.

Le principe vital, *jîva*, sensiblement le même pour tous les vivants, est sacré. Tout individu est entouré de millions de *jîvas* et chaque action humaine qui y porte atteinte, même à une de ces minuscules parcelles, se retourne contre la personne qui l'a affligée. En contrepartie, les actions qui aident d'autres *jîvas* valent à leurs auteurs mérite et reconnaissance, et contribuent à la libération du *jîva* humain. Les jaïns pratiquent activement l'*ahimsā* ou le respect absolu de tous les êtres vivants.

Les préceptes de Mahavira concernant la vie sont profondément ascétiques. Ils exigent une adhésion stricte à la doctrine de l'*ahimsā* et une complète renonciation aux plaisirs de la vie, afin de remporter une victoire totale sur le monde matériel. Le nom même de jaïn dérive précisément du sanscrit *Jina* qui signifie «vainqueur, conquérant».

Le respect absolu de toute vie conduit en pratique à de sévères restrictions: un adepte du jaïnisme doit être végétarien et ne peut pratiquer l'agriculture: creuser la terre pourrait tuer des vers ou des insectes. Le miel est aussi banni, car c'est le fruit du travail des abeilles. Si les jaïns consomment graines, fruits et légumes, par exemple des aubergines ou des okras, les plus fervents ne touchent pas à des légumes comme les choux-fleurs. Pour eux, il est trop difficile d'en nettoyer l'intérieur ramifié, pour s'assurer qu'aucun insecte n'y subsiste. La mort par privation volontaire de nourriture demeure la fin ultime.

QUELQUES STATISTIQUES

- Cette religion est pratiquée actuellement par 5 ou 6 millions de fidèles, principalement dans le Bihār et l'Ouest de l'Inde.

- On dénombre plus de 1400 jaïns au Canada (1991).

Shintoïsme

ORIGINES

Le shintoïsme, littéralement la «voie des *kami*» ou divinités, est né avec la culture japonaise. La majeure partie des Japonais pratique cette religion avec le bouddhisme sans aucune confusion des doctrines.

Le shintoïsme renvoie à un ensemble de croyances et de pratiques rituelles développées autour des cultes rendus aux *kami* dans le Japon ancien. Depuis l'an 500, l'empereur du Japon est le chef spirituel de cette religion; on l'a d'ailleurs longtemps considéré comme le descendant direct du soleil. Le shintoïsme n'est plus religion d'État depuis 1945 par ordre du général américain MacArthur. Dès lors, l'empereur renonça à se proclamer d'origine divine.

CROYANCES ET PRATIQUES

Le shintoïsme prescrit le culte des divinités de la nature, celui des ancêtres, et s'organise autour de nombreux sanctuaires dont chacun abrite un *kami*. Ce terme peut désigner des mammifères, des oiseaux ou des plantes, des mers ou des montagnes, des phénomènes naturels, des hommes tels des ancêtres ou le clan des guerriers. Toute chose qui mérite d'être crainte et vénérée pour ses forces extraordinaires est appelée *kami*. L'idée principale est que le monde est habité par un nombre infini d'esprits (gardiens) ou kami. Des spécialistes comparent les kami à la profusion des saints catholiques ou au panthéon de la Grèce antique.

Mais le shintoïsme est avant tout un art de penser et de vivre au jour le jour plutôt qu'une religion. Il n'y a pas, au sein du shintoïsme, de textes sacrés au sens occidental du terme. Trois ouvrages recensent les rites et les prières qui furent rédigés entre le VIIIe et le Xe siècles.

Environ 80 000 sanctuaires shintoïstes, petits et grands, sont dispersés parmi les villes et les villages japonais. Le culte shintoïste est très simple: il consiste en un certain savoir-faire ou art de se mettre «en sûreté» avec les kamis, dans les nombreux temples. Le rituel comprend des purifications (chassant les fautes, les souillures, les malheurs), des invocations aux kami, récitées par les prêtres. On compte plusieurs fêtes dont la principale est celle du premier jour de l'année.

Contrairement aux chrétiens, qui construisent souvent leurs églises en pierre, les shintoïstes utilisent le bois pour leurs sanctuaires, qu'ils démolissent périodiquement et qu'ils reconstruisent comme acte de renouvellement et une façon de perpétuer l'art de construire les sanctuaires.

QUELQUES STATISTIQUES

- On compte entre 55 et 70 millions de shintoïstes dans le monde. Une bonne partie d'entre eux se retrouvent au Japon.

- Au Canada, on dénombre seulement 445 adeptes de cette doctrine (1991).

Sikhisme

ORIGINES

Sikh vient du sanscrit *shishya* qui veut dire «disciple». Le mot *sikh* désigne donc les disciples des dix gourous (maîtres spirituels). Fondé par Baba Nanak (1469-1539), gourou né au Pendjab (Pakistan actuel), le sikhisme a été créé dans le but de purifier l'hindouisme et de le rapprocher, par certains aspects, de l'islamisme. Les musulmans ont d'ailleurs apprécié sa morale humaniste.

Durant le règne de Ranjit Singh (1780-1839), un puissant royaume sikh fut établi et un traité d'amitié fut signé avec les Britanniques. Après la mort de Ranjit Singh, la guerre éclata à deux reprises avec les Britanniques (1845-1846; 1848-1849). Ces derniers annexèrent le Pendjab, et ce fut la fin de l'indépendance des sikhs. En 1947, la division de l'Inde en deux parties (Inde et Pakistan) eut comme conséquence la division du Pendjab.

LIVRE SACRÉ

L'*Adi-granth* est le livre sacré des sikhs. Cet ouvrage contient plus de 5000 hymnes de gourous sikhs. La compilation des textes a été réalisée par le gourou Arjan (1563-1606) qui construisit aussi la cité sacrée d'Amritsar. Créé par Baba Nanak, le livre sacré est écrit dans un alphabet spécial dit *gourmoukhi*.

CROYANCES ET PRATIQUES

La communauté sikh exclut tout culte d'idoles et prêche une foi strictement monothéiste. Les sikhs rejettent donc les nombreux dieux hindous. Il n'y a qu'un seul Dieu, un Dieu sage et compatissant, destructeur de la peine. Cette religion ne reconnaît aucune valeur à l'ostentation dans la prière, aux pèlerinages, aux ornements religieux, et assure à tous les hommes et à toutes les femmes le droit de rechercher la connaissance de Dieu. Elle rejette le système de castes et certaines pratiques antihumanistes de l'Inde: infanticide, sacrifice des veuves, mariage des enfants, claustration des femmes.

Les sikhs ne doivent ni fumer ni boire d'alcool, mais ils peuvent manger de la viande (l'abattage doit se faire d'un seul coup). Certains hommes sikhs sont plus faciles à identifier, car ils portent des turbans et des barbes. La plupart appartiennent au «Khalsa», communauté mixte créée en 1699 par le gourou Gobind Singh qui s'engage, par une cérémonie d'initiation, à une vie de pureté religieuse. Tous les hommes doivent porter le nom de *Singh* («lion»); toutes les femmes, celui de *Kaur* («lionne» ou «princesse»).

Un homme sikh du Khalsa jure de rester fidèle aux cinq «k»:

- Kesh: les cheveux et la barbe non coupés; le turban doit recouvrir les cheveux;

- Kangha: un peigne de bois qui retient les cheveux;

- Kara: un bracelet d'acier porté au poignet droit;

- Kirpan: une épée miniature;

- Kachcha: un pantalon court.

Ces hommes enturbannés, qui gardent la barbe et les cheveux longs pour se distinguer des hindous, ont toujours été réputés pour leur valeur militaire. Ils se sont battus avec ardeur contre les musulmans au XVIIIe siècle, contre les Anglais au XIXe siècle et pour ces derniers lors des deux grandes guerres mondiales. Ils ont aussi pris part aux troubles sanglants qui ont marqué l'accession de l'Inde à l'indépendance.

QUELQUES STATISTIQUES

- On compte plus de 25 millions de sikhs dans le monde, dont environ 20 millions en Inde; la plupart vivent dans la province du Pendjab, région géographique formée par les provinces de l'Inde du Nord-Ouest et du Pakistan.

- Il y a 5 millions de sikhs aux États-Unis et dans les pays du Commonwealth.

- Plus de 147 000 sikhs vivent au Canada (1991), dont près de la moitié en Colombie-Britannique. Au Québec, on a recensé 4525 sikhs en 1991.

Zoroastrisme

ORIGINES

Le zoroastrisme, une religion très vieille connue également sous le nom de parsisme, est basé sur les enseignements de Zoroastre, nom d'origine latine du prophète iranien Zarathoustra («la lumière d'or») qui vint purifier l'ancienne religion de l'Iran. Il a probablement vécu au début du VIe siècle av. J.-C. dans l'une des tribus qui bordaient la mer Caspienne et qui avaient des croyances basées sur des mythes reliés aux religions grecques, romaines et celtes.

Vers le IIᵉ siècle apr. J.-C., le zoroastrisme, qui était alors l'une des grandes religions mondiales, a influencé les juifs et les chrétiens. L'avance des musulmans au VIIᵉ siècle fit reculer ses adeptes, dont certains se réfugièrent en Inde pour devenir les parsis. L'hérésie des Albigeois au Moyen Âge a été la dernière manifestation européenne de cette croyance qui a marqué les esprits.

CROYANCES ET PRATIQUES

Les zoroastriens, dont le livre sacré est l'*Avesta*, croient à une guerre éternelle entre le dieu du Bien (*Ahura Mazdah*) et le dieu du Mal (*Ahriman*). Ahura Mazdah est la voix de la Sagesse, «le Sage Seigneur». Il sait tout, il voit tout et il est tout amour. La terre est un champ de bataille entre la force qui tend vers «Asha» (la Vérité) et la force qui lui résiste. À l'aide des trois vérités «Manasmi», «Gavasmi» et «Kunisni», les bonnes paroles et les bonnes œuvres, les êtres humains combattent avec Dieu et gagnent la vie éternelle au ciel. Le zoroastrisme met l'accent sur la bonté en pensée, en parole et en action, pour assister Ahura Mazdah dans son œuvre. Les bons iront au ciel; les mauvais, en enfer.

Dans les temples parsis, on ne trouve ni statue ni décoration. Toute l'attention est portée sur le feu sacré, image vivante du dieu, «symbole de celui qui est en lui-même la lumière éternelle». Par souci de pureté, les zoroastriens fuient la pollution de l'eau, de l'air et de la terre.

QUELQUES STATISTIQUES

• On estime à environ 200 000 le nombre de zoroastriens dans le monde. Plus de la moitié des zoroastriens vivent en Inde et sont appelés «parsis», gens de Perse (ancien nom de l'Iran).

• On compte 3190 zoroastriens au Canada, dont 270 vivent au Québec (1991).

Des personnages et des dates importants

Chefs religieux

Dans cette courte section, nous sommes sur la piste de quelques personnalités qui ont marqué l'histoire des religions. Entre Abraham, chef d'un groupe migrant de Mésopotamie que Dieu choisit pour faire alliance avec l'homme, et le prédicateur méthodiste William Booth, qui fonda l'Armée du Salut, il y a eu Moïse, Siddharta Gautama, Jésus de Nazareth, Mahomet, Jean Calvin et bien d'autres. Voici donc une vingtaine de capsules biographiques sur des personnages clés de l'avant-scène religieuse.

Abraham (vers 2000 av. J.-C.)
Le plus célèbre des patriarches hébreux. Né à Ur en Chaldée, il s'établit avec son clan en Palestine. Il est à l'origine des

traditions juive et arabe. Ayant renoncé à l'idolâtrie, il voit Dieu lui apparaître et lui permettre d'avoir un fils, Isaac, de sa femme Sara, pourtant âgée de quatre-vingt-dix ans. Par la suite, il se prépare à sacrifier son fils pour Dieu, en gage de sa foi, quand un ange l'arrête.

Booth, William (1829-1912)

Prédicateur méthodiste britannique, il fonde en 1865, avec sa femme Catherine, une organisation d'évangélisation et de charité dans les quartiers pauvres de Londres. De ce groupe émerge, en 1878, l'Armée du Salut, un mouvement chrétien basé sur une organisation militaire et dont il devient le général.

Bouddha ou «l'Éveillé» (vers 556-480 av. J.-C.)

Fondateur du bouddhisme. Bouddha: mot sanscrit qui signifie «l'Éveillé» et surnom donné à l'ascète indien Siddharta Gautama. Descendant de la noble lignée des Çâkya, il naît dans le Sud-Est du Népal vers 556 av. J.-C. Selon la légende, il serait le fils d'une princesse et d'un éléphant blanc.

En réalité, le père de Siddharta Gautama est roi et sa mère, fille de roi. Le jeune Siddharta vit donc une enfance heureuse dans le luxe du palais paternel. On se garde bien de lui montrer la vie misérable que mènent les pauvres gens hors du palais! Il se marie à l'âge de seize ans, a un enfant et mène une vie heureuse, toujours dans le palais de son père. À vingt-neuf ans, il quitte le domaine royal pour aller sur les chemins en quête de la vérité, et il découvre brutalement la souffrance humaine. Il abandonne alors sa femme, son fils et sa vie aisée pour aider les autres à supporter leurs peines.

Siddharta se réfugie dans les montagnes pour vivre six ans d'ascétisme. Il atteint l'Éveil, découvrant alors la réalité cachée aux yeux des hommes par le voile épais de l'ignorance. Il devient ainsi «celui qui sait». Accompagné de ses premiers disciples, il parcourt l'Inde et, pendant quarante-cinq ans, il prêche ses doctrines de renoncement, de compassion infinie envers tous les êtres et d'oubli de soi.

Après sa mort, à l'âge de quatre-vingts ans, ses disciples répandent son message. Les textes de ses paroles sont rassemblés cinq siècles plus tard. En l'an 120, d'autres écrits sont regroupés dans lesquels Bouddha devient dieu parmi les dieux.

Calvin, Jean (1509-1564)

Réformateur religieux, philosophe et écrivain français. Il adhère à la Réforme en 1533 et, dès lors, commence sa vie de prédicateur. En 1534, lorsque François Ier persécute les protestants, Calvin, un des principaux instigateurs de la Réforme protestante en France, est obligé de quitter le pays pour se réfugier à Bâle (Suisse), où il publie son ouvrage capital, *Institution de la religion chrétienne* (1536), dans lequel il synthétise et rationalise l'apport doctrinal de la Réforme. Intransigeant, Calvin va plus loin que Luther et donne naissance à un mouvement plus austère. Il affirme que Dieu, qui est présent pour tous, choisit de sauver ou non l'âme de chacun: c'est la théorie de la prédestination. Il meurt en 1564.

Confucius ou K'ung Fu Tzu (vers 551-479 av. J.-C.)

Philosophe chinois issu d'une famille de nobles dépossédés. Confucius quitte sa mère à l'âge adulte avec comme idéal d'enseigner aux siens comment mener une vie meilleure. En raison de sa sagesse, Confucius est nommé juge suprême d'une province. Il s'acquitte très bien de sa tâche, mais un fonctionnaire du gouvernement complote contre lui. Confucius préfère alors s'exiler plutôt que de se battre. Pendant des années, il circule d'un royaume à un autre, prêchant ses idées à tous ceux et à toutes celles qui l'écoutent. Il met l'accent sur la pratique du Jen (humanité, bonté, charité) et ne prétend jamais être autre chose qu'un homme ordinaire.

Confucius veut améliorer l'être humain pour que celui-ci, à son tour, améliore la société. Le respect du passé a donc, dans sa pensée, une importance considérable. La tradition transmise par les ancêtres s'avère la règle la plus sûre, car tous les autres principes de vie en découlent: obéissance absolue envers les parents, amour fraternel, entente entre le roi et les sujets, justice permanente, vengeance absolument interdite. «Je n'enseigne rien de nouveau, je ne fais que transmettre les conseils des anciens», répète sans cesse Confucius.

En mettant de l'ordre dans les préceptes traditionnels, en les expliquant en profondeur, puis en les complétant avec des idées personnelles et neuves, il contribue à établir une philosophie de vie et des principes humains qui comptent parmi les plus durables du monde.

Après sa mort, ses disciples construisent de grands temples en son honneur. Ses enseignements et ses idées influenceront toute la civilisation chinoise jusqu'à nos jours.

Hus, Jan (1371-1415)

Réformateur religieux tchèque. Né de parents pauvres dans une petite ville de Bohême, Jan Hus devient recteur de l'université de Prague et l'un des grands penseurs religieux de son époque. Les prêches qu'il donne contre les erreurs du catholicisme le rendent très populaire auprès des Tchèques, nobles et paysans confondus. Excommunié une première fois en 1411, il prend position contre le pape Jean XXIII (premier du nom). Après une nouvelle excommunication en 1412, il est cité au concile de Constance (1414). Là, il est condamné et brûlé vif. Ses disciples (les hussites) le considèrent comme un martyr de la foi.

Jésus-Christ (d'environ 4 av. J.-C. à 29 ou 30 apr. J.-C.)

Fondateur de la religion chrétienne. Selon les Évangiles, il naît à Bethléem, en Judée, et vit à Nazareth, en Galilée. Vers l'âge de trente ans, il parcourt la Palestine, prêchant et faisant des miracles. Ses disciples déclarent qu'il est le Fils de Dieu. Il s'adresse surtout aux malheureux et aux ignorants qu'attirent sa bonté ainsi que la simplicité et l'autorité de sa parole.

À cette époque, les Romains sont maîtres de la Palestine. Les Juifs attendent plus que jamais un prophète, un messie, un sauveur. Certains le reconnaissent en Jésus et le suivent pour écouter son enseignement. D'autres deviennent ses ennemis, surtout certains prêtres, et s'entendent pour le faire arrêter. Jésus est donc appréhendé aux portes de Jérusalem, puis livré aux Romains. Il est condamné comme blasphémateur par le gouverneur romain Ponce Pilate parce qu'il trouble l'ordre public. Le grand prêtre de Jérusalem le condamne aussi parce qu'il se dit le Fils de Dieu. Il meurt crucifié entre deux malfaiteurs sur la colline du Crâne (en hébreu Golgotha, en français Calvaire). Selon les Évangiles, il est ensuite enseveli, puis il ressuscite (il apparaît à ses disciples).

La «Bonne nouvelle» annoncée par Jésus révèle que Dieu l'a envoyé sur la terre pour sauver les hommes. Il est le Sauveur, le Fils de Dieu, le Messie annoncé par les prophètes. Cette croyance sera le fondement de la religion nouvelle. Jésus ne renie pas la tradition juive; son enseignement s'accorde donc avec celui des prophètes. Mais nul avant lui n'avait autant mis l'accent sur la pureté et l'humilité du cœur, l'amour du prochain, le pardon des injures, le renoncement aux biens de ce monde; ce sont les préceptes essentiels de la morale chrétienne.

Knox, John (1505 ou 1514-1572)

Réformateur religieux écossais. Prêtre, il se joint à la vague réformatrice en 1546. À l'avènement de la reine catholique Marie Tudor, il s'exile en France, puis à Genève où il se lie avec Calvin et traduit en anglais la «Bible de Genève». En 1559, il fonde l'Église presbytérienne en Écosse. Il écrit la *Confessio Scotica* et contribue au *Book of Discipline*.

Lao Tseu (570-490 av. J.-C.)

Philosophe chinois et fondateur du taoïsme. Lao Tseu signifie «vieux maître». Il est l'auteur présumé du *Livre du Tao*. Son enseignement philosophique, qui complète celui de Confucius, influencera très fortement la pensée chinoise.

Luther, Martin (1483-1546)

Théologien et chef allemand de la Réforme protestante. Il naît à Eisleben dans une famille paysanne. Après une enfance laborieuse, il est ordonné prêtre. Un voyage à Rome, durant lequel il voit la cour somptueuse du pape Jules II, le révolte. En 1513, Léon X devient pape et, pour se procurer l'argent nécessaire à la construction de la basilique Saint-Pierre, il pratique la vente des indulgences. Le 31 octobre 1517, Luther proteste en affichant sur la porte de l'église de Wittenberg de Saxe, ses «95 thèses» où il s'oppose entre autres à la vente des indulgences. Il soulève ainsi la question religieuse dans toute l'Allemagne. Puis, en 1519, il nie l'infaillibilité du pape; l'année suivante, il s'élève encore violemment contre la papauté. Le pape réagit en l'excommuniant.

À partir de 1520, Luther précise sa doctrine: l'Écriture sainte est la seule autorité valable, l'homme est sauvé par la foi, et non pas par les œuvres. L'empereur Charles Quint le met au ban de l'Empire en 1521, et Luther échappe au bûcher grâce à la protection du prince Électeur de Saxe. Il se réfugie ensuite dans un couvent où il traduit la Bible en allemand. Il défend l'idée du retour à l'Évangile et affirme que seule la foi peut assurer le salut.

Sa prédication gagne vite l'ensemble de la population allemande et obtient le soutien de nombreux princes. Lorsqu'il meurt en 1546, le luthéranisme a remplacé le catholicisme dans la moitié de l'Allemagne et dans les États scandinaves.

Mahavira (599-527 av. J.-C.)

Fondateur indien du jaïnisme et contemporain de Bouddha. À l'âge de vingt-huit ans, Mahavira («le Grand Héros») renonce à sa vie familiale pour mener une existence d'ascète mendiant et pour tenter d'échapper au cycle infernal des réincarnations. Au bout de quelques mois, il abandonne ses vêtements et décide de vivre nu pour le restant de ses jours. Il atteint l'illumination à l'âge de quarante ans. Le *kevala* (connaissance) emplit son âme et il sort vainqueur (*jina*) de sa longue lutte spirituelle. Il pratique la non-violence (*ahimsâ*) envers toute forme de vie.

Mahavira est le grand prophète du jaïnisme, une religion de l'Inde. À sa mort, la communauté est divisée. Certains disciples (les *digambaras*) professent qu'il est essentiel de renoncer à toute possession, y compris les vêtements. D'autres (les *svetâmbaras*) refusent l'exigence de la nudité.

Mahomet ou Muhammad (570?-632)

Prophète arabe de l'islam. Mahomet naît près de La Mecque, petite ville d'Arabie où s'arrêtent de nombreuses caravanes. On ne sait pas grand-chose de sa jeunesse, mais on sait toutefois qu'il devient orphelin très jeune et qu'il est confié aux soins d'un oncle paternel qui l'emmène en voyage dans les pays voisins.

Au cours de ces voyages, Mahomet a amplement le temps de méditer. À cette époque, les Arabes adorent des idoles. Mahomet prend conscience qu'il désire leur donner une meilleure religion. Entre-temps, il épouse une riche veuve et devient marchand. Jusqu'à l'âge de quarante ans, il mène une vie tranquille et prospère, entrecoupée de retraites où il pratique l'ascétisme dans une caverne au flanc d'une montagne près de La Mecque. Là, il reçoit sa première révélation (vers 610). Selon la tradition, il voit l'archange Gabriel qui lui transmet la parole de Dieu. Celui-ci lui apprend qu'Allah, l'une des divinités adorées jusque-là par les Arabes, l'a choisi comme messager et qu'il doit se mettre dès cet instant à prêcher sa religion à son peuple.

La nouvelle doctrine, la croyance en un Dieu unique qui doit entraîner la destruction des idoles, suscite la colère des riches marchands de La Mecque: ils veulent préserver les intérêts économiques qu'ils tirent des pèlerinages. L'opposition à l'apostolat de Mahomet s'exprime d'abord par des moqueries et des débats. Mais, en 622, une persécution très violente amène Mahomet à s'enfuir et à se réfugier à Yathrib, une oasis au nord-ouest de La Mecque qui prend alors le nom de Médine, «la ville du prophète».

Mahomet appelle sa religion «islam», ce qui signifie «soumission à la volonté divine». Il fait de nombreux adeptes à Médine et, avec eux, se met bientôt à combattre pour obliger les autres Arabes à accepter cette religion. Après de nombreux combats, ses disciples remportent la victoire; son retour à La Mecque en 630 est triomphal. À partir de ce moment, l'islam se propage rapidement. Mahomet précise le contenu de la Révélation et de la foi musulmane avant de mourir en 632.

Nanak (1469-1539)

Poète indien et réformateur religieux du Pendjab, élevé par un musulman. À l'âge de trente-cinq ans, il a une illumination et prêche une nouvelle religion hindo-islamique qui rassemble de nombreux disciples ou «sikhs». Il est l'auteur de l'*Adi-granth*, le livre sacré des sikhs.

Smith, Joseph (1805-1844)

Fondateur américain de l'Église de Jésus-Christ des saints des derniers jours (mormons). En 1828, une révélation lui apprend l'histoire biblique de l'Amérique: les Autochtones descendraient des tribus perdues d'Israël. Cette histoire est consignée dans le *Livre de Mormon*. En 1830, il fonde une communauté à Lafayette, dans l'État de New York. Après la mort de Joseph Smith (il est lynché), les mormons s'installent dans l'Utah où ils fondent Salt Lake City.

Wesley, John (1703-1791)

Fondateur anglais du méthodisme. Issu d'une famille de pasteurs dont il est le treizième enfant, il prend la direction d'un groupe d'étudiants pieux d'Oxford, «le cercle des saints», dont le but est la lecture de la Bible et la pratique de la charité. (Le sobriquet de méthodiste vient de la régularité et de la méthode que chacun des membres de ce groupe mettait dans sa vie religieuse.)

Ordonné pasteur, John Wesley part en Amérique en 1735, avec son frère Charles, pour évangéliser les Autochtones de la Géorgie. De retour à Londres en 1738, il tient des prédications en plein air, dans une langue simple, avec une exaltation communicative. Il organise ses disciples en petits groupes qui se réunissent chaque semaine.

John Wesley finit par se séparer de l'Église anglicane et forme l'Église méthodiste, dont le premier synode se tient en 1744. Sa doctrine affirme la liberté humaine, la sanctification subite et la conviction intérieure comme signe suffisant du salut.

Wyclif, John (vers 1320-1384)

Théologien et réformateur anglais. Vers 1380, Wyclif, alors prêtre et professeur à l'université d'Oxford, estime que la cause profonde des abus de l'Église est la richesse du haut clergé. Aussi demande-t-il la confiscation des biens de l'Église. En outre, il affirme que les fidèles peuvent interpréter à leur gré les Saintes Écritures sans se croire obligés d'adopter l'interprétation qu'en donne l'Église; à cet effet, il commence la traduction de la Bible en anglais. Il exprime aussi, sur certains sacrements, des théories autres que celles de l'Église catholique; ainsi, en ce qui concerne la communion, il ne croit pas que le pain et le vin soient le corps et le sang de Jésus-Christ (transsubstantiation); ils n'en seraient que des symboles.

John Wyclif critique l'autorité du pape; il rejette l'autorité des évêques, le culte des saints, les cérémonies, les vœux et la nécessité de la confession. Ces positions audacieuses annoncent celles qui seront défendues au siècle suivant par le protestantisme. Ses disciples, les Lollards, seront persécutés. Les idées de Wyclif gagneront la Bohême, où elles seront propagées par Jan Hus, réformateur religieux tchèque.

Young, Brigham (1801-1877)

Chef religieux américain. Après avoir introduit la secte des mormons en Angleterre, il prend la direction du groupement religieux après la mort de son fondateur, Joseph Smith. Il conduit la communauté vers l'Ouest, où il fonde «la nouvelle Sion» à Salt Lake City (1847). Il devient ensuite gouverneur de l'Utah.

Zarathoustra ou Zoroastre (vers VIe av. J.-C.)

Prophète et réformateur religieux iranien. Sa doctrine (le zoroastrisme) se heurte au rejet des prêtres, mais elle trouve protection auprès du prince Vishtaspa. Sa religion se répandra peu à peu. Cette doctrine dualiste se caractérise par une haute conscience du bien et du mal. Le personnage a inspiré Nietzsche, dans *Ainsi parlait Zarathoustra*.

Zwingli, Ulrich (1484-1531)

Réformateur religieux suisse. Curé, il attaque le pape, les lois de l'Église catholique et ses pratiques corrompues. Il adhère à la Réforme et contribue à fixer les dogmes par ses 67 thèses où il expose sa doctrine, reconnaissant la Bible comme seul fondement de la loi et niant l'autorité de Rome.

CHRONOLOGIE RELIGIEUSE

Avant Jésus-Christ

Vers 3200

Première civilisation connue à Sumer, région antique de la basse Mésopotamie, près du golfe Persique. Culte d'Enlil, d'Anu et d'Ishtar.

De 2686 à 2181

Ancien Empire égyptien: époque des pyramides. Adoration du pharaon. Culte d'Osiris et d'Osis.

De 2040 à 1786

Moyen Empire égyptien. Culte de Seth.

Vers 2000
Gilgamesh, récit du roi légendaire d'Uruk et héros de poèmes épiques suméro-akkadiens, dont la quête d'immortalité est le point central.

Vers 2000 à 1700
Dieu se révèle comme une être unique et tout-puissant à Abraham, puis à son fils Isaac et à son petit-fils Jacob. Il leur promet la terre de Palestine en récompense de leur fidélité (Terre promise). Abraham et ses fils s'installent en pays de Canaan (Palestine). Abraham remplace les sacrifices humains par le sacrifice de béliers et fonde une religion qui attirera plusieurs fidèles au Proche-Orient.

Jacob a douze fils qui deviendront les chefs des douze tribus d'Israël. L'un d'eux, Joseph, est vendu par ses frères à des Égyptiens et devient ministre du pharaon. Il appelle sa famille en Égypte pour la soustraire d'une famine qui dure sept ans. Leurs descendants forment le peuple d'Israël (ou peuple hébreu).

Vers 1800 à 1475
Empire babylonien. Adoration de Marduk, d'Ishtar, d'Anu et de Tammuz.

Vers 1800
Rédaction des *Veda*, textes traitant de la religion brahmanique.

Époque présumée où Abraham quitte Ur, en Chaldée, pour s'installer en pays de Canaan (Palestine).

De 1792 à 1750
Règne de Hammourabi, qui achève l'unification de son empire. Babylone, la capitale, devient la plus importante ville religieuse et culturelle du pays. Hammourabi est l'auteur du code de lois le plus ancien conservé à ce jour.

Vers 1750 à 600
Empire assyrien: les Assyriens, cruels et sanguinaires, édifient un empire en Mésopotamie qui s'étend jusqu'à la Palestine et à l'Égypte. Adoration d'Assur et d'Ishtar, entre autres.

De 1570 à 1085
Nouvel Empire égyptien. Le pharaon Akhenaton (vers 1379 à 1360 av. J.-C.) tente d'imposer le monothéisme (croyance en un seul Dieu) avec le culte d'Aton.

Vers 1500
Invasion aryenne en Inde; système de castes lié à la religion védique.

Vers 1500 à 600
Au Mexique, la civilisation olmèque connaît une période d'épanouissement. Pyramides; culte de Tlaloc; sacrifices humains.

Vers 1300
En Égypte, les Hébreux sont réduits à l'esclavage.

Vers 1250 ou 1230
Moïse conduit son peuple hors d'Égypte (l'Exode). Durant l'Exode, Dieu apparaît à Moïse. Il lui donne la Loi (Décalogue) qui sera inscrite sur des tables déposées dans l'Arche d'alliance à la garde de la tribu de Lévi. Moïse institue le sabbat et quelques fêtes. Après quarante ans de marche dans le désert, les Hébreux arrivent en terre de Canaan (Palestine), Terre promise par Dieu à Abraham.

Vers 1200 à 1050
Période des Juges en Israël, porte-parole de Yahvé et chefs militaires durant l'installation des Hébreux en Palestine. Ils luttent contre la désagrégation des tribus.

Vers 1015 à 975
Toutes les tribus israélites se soumettent à David, roi d'Israël. En trente années de règne, David agrandit son territoire et établit sa capitale et son centre religieux à Jérusalem, conquise aux Jébuséens.

Vers 1000
Conquête de Jérusalem par les Hébreux.

Vers 972 à 932
Salomon succède à David et consolide l'État secoué par des révoltes, dont celle menée par le propre fils de David, Absalon. Relations étroites avec l'Égypte; Salomon épouse la fille du pharaon. Il construit le premier temple à Jérusalem.

931
Après la mort de Salomon, la Terre sainte est divisée en deux royaumes: Israël au nord et Juda au sud.

Vers 800
Les épîtres religieuses aryennes, les *Veda*, vont amener en deux siècles une vénération de la vache et une sanctification des produits laitiers.

Vers 800 à 700
Le temps des prophètes hébreux.

VIIIe siècle
En Grèce, rédaction des poèmes homériques (l'*Iliade* et l'*Odyssée*).

De 770 à 222
Période dite des Zhou orientaux. Culte des ancêtres.

VIe siècle
Durant ce siècle, Confucius, Bouddha, Zoroastre et les prophètes juifs portent l'idéal humain vers des sommets. On voit naître quatre des plus grandes religions du monde.

Pour Israël, cette période est marquée par le siège de Babylone et la constitution du judaïsme.

Plus loin à l'est, en Chine, Confucius enseigne à ses concitoyens sa philosophie de vie.

Au nord de l'Inde, Siddharta Gautama fonde le bouddhisme.

En Iran, Zarathoustra prêche sa doctrine sur le dualisme.

De 650 à 583
Le chef religieux Zoroastre (ou Zarathoustra) fonde en Perse (Iran) sa doctrine sur le dualisme et en fait une religion d'État: le zoroastrisme ou parsisme.

De 587 à 538
Les troupes de Nabuchodonosor, le «Babylonien», détruisent Jérusalem, capitale du royaume de Juda et du premier Temple. Les Hébreux sont déportés à Babylone.

De 570 à 490
Vie de Lao Tseu, philosophe chinois et fondateur du taoïsme. Son enseignement philosophique influence très fortement la pensée chinoise et complète celui de Confucius.

Vers 556 à 480
Vie de Siddartha Gautama (Bouddha), fondateur du bouddhisme. Il quitte son foyer pour se dévouer entièrement à la philosophie et à l'ascétisme. Il prêche ses premiers sermons dans le parc des cerfs de la ville sacrée de Bénarès.

De 551 à 479
Vie de Confucius, philosophe chinois et fondateur du confucianisme. Ses enseignements et ses idées influenceront toute la civilisation chinoise jusqu'à nos jours.

De 537 à 515
Les Hébreux reviennent en Palestine et construisent un second Temple.

528
Naissance du bouddhisme en Inde.

Vers 500
Mahavira Jina (Vardhamãna) réforme le brahmanisme et fonde le jaïnisme en Inde. Il est le premier à se rebeller contre le système des castes.

458
Esdras établit la Torah comme autorité centrale de la vie juive.

Vers 400 à 300
Écriture de deux récits épiques de l'hindouisme; le Mahabharata et le Ramayana.

IIIᵉ siècle
Rome, maîtresse de toute l'Italie; implantation massive des religions orientales dans tout l'Empire.

De 272 à 231
Grâce à la conversion et au zèle de l'empereur Açoka, le bouddhisme se répand dans le sous-continent indien et au Sri Lanka.

64
Prise de Jérusalem par Pompée. Hérode devient roi des Juifs.

Vers 4 (ou 6)
Naissance de Jésus à Bethléem.

Vers 4 (ou 6) av. J.-C. à 30 apr. J.-C.
Vie de Jésus. Il choisit ses douze apôtres et commence son enseignement. Accompagné de nombreux disciples, il parle de Dieu, son Père, et fait des miracles. Vers 29 ou 30, Jésus meurt crucifié.

Après Jésus-Christ

Vers 45
Saint Paul, le premier à évangéliser les non-juifs (ou gentils), entreprend ses voyages apostoliques.

Vers 50
Une des premières églises chrétiennes est construite à Corinthe (Grèce) par saint Paul.

64
Les persécutions des chrétiens commencent à Rome sous l'empereur Néron.

Vers 65
Premier Évangile (selon saint Marc).

67
Mort de l'apôtre Paul.
Mort de saint Pierre.

70
Les Romains prennent Jérusalem. Titus détruit le Temple.

Vers 80 à 90
Saint Jean, saint Matthieu et saint Luc écrivent leurs Évangiles.

Vers 200
Fin de la rédaction de la Mishna judaïque.
Apparition du bouddhisme en Chine.

250
À Rome, les persécutions des chrétiens s'intensifient sous l'empereur Dèce.

276
Crucifixion de Mani (216-275), fondateur de la secte des Manichéens en Perse (Iran).

De 280 à 336
Arius, prêtre d'Alexandrie, nie la divinité du Christ. L'Église arienne disparaît au VIᵉ siècle.

Vers 300
Premiers temples hindous.

IVᵉ siècle
Dès le IVᵉ siècle, la question de la primauté de Rome oppose l'Occident et l'Orient: l'Occident considère l'évêque de Rome comme chef de droit divin en tant que successeur de saint Pierre (premier évêque de Rome), alors que l'Orient ne voit là qu'un phénomène historique dû à l'importance de l'Église romaine et au fait que Rome a déjà été la capitale de l'Empire.

De 303 à 305
Deuxième grande persécution des chrétiens sous l'empereur Dioclétien.

313
Par l'édit de Milan, l'empereur romain Constantin Iᵉʳ autorise les chrétiens à célébrer librement leur culte.

315
Constantin Iᵉʳ se convertit au christianisme. Le christianisme se répand dans tout l'Empire romain.

De 320 à 535
Philosophes hindous et maîtres bouddhistes s'affrontent. Période classique de l'hindouisme.

325
Le concile de Nicée, premier concile œcuménique, reconnaît l'autorité exceptionnelle des évêques de Rome, d'Alexandrie et d'Antioche. Le concile condamne l'arianisme et proclame la divinité du Christ et du Saint-Esprit.

335
En Chine, le bouddhisme est officiellement toléré.

356
Première construction de la basilique de Saint-Pierre, à Rome.

361
L'empereur Julien l'Apostat tente de faire revivre le paganisme dans l'Empire romain.

380
L'empereur romain Théodose, qui prend volontiers conseil des évêques, publie à Thessalonique (Grèce) un édit qui oblige tous les peuples de l'Empire à confesser «la foi de l'apôtre Pierre». Cet édit fait de l'Église chrétienne, l'Église de l'État.

381
Le concile de Constantinople réaffirme les résolutions de Nicée quant à la nature du Christ et accorde aux évêques de Rome et de Constantinople une prééminence par rapport aux autres évêques.

391 et 392
L'empereur romain Théodose combat avec force le paganisme, ordonne la fermeture des temples et interdit les sacrifices.

399
Saint Augustin écrit ses *Confessions*.

Vers 400
À Babylone, Rav Ashi (352-427) rédige le Talmud, à partir de la Mishna et de la Gemara.

En Chine, le bouddhisme s'impose. Recul du confucianisme.

404
Le taoïsme devient la religion d'État en Chine.

411
Saint Augustin écrit *La cité de Dieu* après le saccage de Rome par le vandale Alaric.

De 428 à 451
Nestorius, patriarche d'Alexandrie, affirme que Jésus est à la fois homme et Dieu. Il nie également que Marie soit la mère de Dieu.

431
Le concile d'Éphèse condamne les thèses du nestorianisme.

432
Saint Patrick entreprend sa mission en Irlande.

440
Propagation du monophysisme qui nie la nature humaine du Christ.

451
Le concile de Chalcédoine condamne le monophysisme et renforce la juridiction de l'évêque de Constantinople.

478
Premier lieu de pèlerinage shintoïste au Japon.

Vᵉ siècle
Les moines forment un nouveau clergé appelé régulier parce qu'ils vivent selon la règle édictée par le fondateur d'un ordre. Ils se distinguent ainsi du clergé dit séculier, soit des évêques et des prêtres vivant dans le siècle.

Vers 500
Publication du second code rabbinique, la Gemara, en Babylonie et fin de la rédaction du Talmud dit «de Jérusalem».

515
Persécutions des bouddhistes par les Huns en Chine.

520

Introduction au Japon du bouddhisme que le prince Shotoku (593-620) érigera en religion officielle.

529

Saint Benoît (480-543) fonde le monastère du mont Cassin (Italie) et écrit la première règle pour les moines de l'Ordre des Bénédictins.

553

Le deuxième concile de Constantinople réaffirme la condamnation du nestorianisme.

570

Naissance de Mahomet à La Mecque.

VIIᵉ siècle

Le jaïnisme se répand dans le Goudjerate et le Rajasthan (Inde) grâce à la protection des souverains locaux lors des invasions musulmanes. Cultes de Vishnu et de Çiva.

Vers 600

Le confucianisme, doctrine d'État en Chine.

622

Mahomet doit s'enfuir avec ses fidèles. C'est l'*hégire*, la fuite. Cette date marque la fondation de l'islam et l'an 1 du calendrier musulman.

625

Mahomet commence à dicter le Coran.

Le pape Honorius défend le monothélisme (le Christ a bien deux natures mais une seule volonté). Le troisième concile de Constatinople en 680-681 condamnera le monothélisme (les deux natures du Christ impliquent deux volontés).

632

Mahomet revient en pèlerinage à La Mecque. Il fait son discours d'adieu et meurt peu après.

Vers 644 à 656

La version unique et définitive du Coran est établie.

690

Construction de la mosquée Al-Aksa, à Jérusalem.

VIIIᵉ siècle

Les Arabes, convertis à l'islam par Mahomet, créent un immense empire qui s'étend de l'Inde à l'Espagne.

700

Apogée de la civilisation maya. Adoration des forces de la nature. Sacrifices humains.

732

La victoire de Poitiers sur les Arabes assure la survie de la chrétienté en Europe.

De 786 à 809

Règne de Haroun al-Rachid (l'Éclairé): âge d'or de l'islam.

845

Interdiction du bouddhisme en Chine.

Vers 860

Début de la conversion des Slaves par Cyrille et son frère Méthode. Ces derniers inventent l'alphabet cyrillique, aujourd'hui utilisé, entre autres, par les Russes, les Ukrainiens, les Bulgares et les Serbes.

988

Baptême du prince Vladimir de Kiev. Ce dernier épousera Anne, la sœur de l'empereur Basile II, et introduira le christianisme dans son royaume.

1041

Cherchant à mettre fin aux attaques sanglantes entre princes de domaines rivaux, des guerres internes qui maintiennent l'Europe dans un désordre total, l'Église proclama la «Paix de Dieu», un acte déclarant qu'il est non chrétien pour les hommes de se battre entre eux. À peu près personne n'en tint compte.

1054

Schisme Orient-Occident. Les Églises orientales rejettent l'autorité du pape. Constitution de l'Église orthodoxe.

1059

Dans les premiers siècles du christianisme, le pape, c'est-à-dire l'évêque de Rome, était élu par le peuple et le clergé de la ville de Rome. Mais au Xe siècle, la papauté tomba sous la dépendance des seigneurs italiens et des empereurs. Pour mettre fin à cette ingérence des laïcs, le pape Nicolas II promulgua le décret de 1059. La nomination du souverain pontife était désormais réservée aux seuls cardinaux, soit, à l'époque, les curés des principales paroisses de Rome et les évêques des diocèses voisins.

De 1067 à 1085
Pontificat de Grégoire VII.

1095

Au concile de Clermont, le pape Urbain II proclame la première croisade pour délivrer la Terre sainte.

1096

Début des croisades: expéditions militaires organisées par l'Europe chrétienne, sous l'impulsion de la papauté, pour porter secours aux chrétiens d'Orient, délivrer la Terre sainte et reprendre le tombeau du Christ à Jérusalem (XIe-XIIIe siècles).

De 1096 à 1099
Première croisade: les combattants partent par vagues séparées de Paris, de Bourges et de Toulouse. Sur la route les conduisant

à Jérusalem, les croisés massacrent les Juifs. C'est la première persécution des Juifs en Europe.

1119
Fondation de l'Ordre des Templiers à Jérusalem.

De 1135 à 1204
Vie de Maimonide, un des grands philosophes juifs. Son *Guide des égarés* tente d'établir l'accord entre la philosophie et le judaïsme. Il a aussi écrit des commentaires sur la Mishna.

1171
Premier pogrom (émeute dirigée contre les juifs) à Blois.

De 1181 à 1226
Vie de saint François d'Assise, fondateur de l'ordre des Frères mineurs (ou franciscains).

1184
Le pape Lucius III établit avec l'empereur Frédéric Barberousse le principe du châtiment corporel des hérétiques.

1215
Le concile de Latran recommande le marquage des Juifs.

De 1225 à 1274
Vie de saint Thomas d'Aquin, prêtre et docteur de l'Église. Père de la pensée médiévale, il est devenu le maître à penser des générations de clercs qui consacrèrent leur vie au service de l'Église. Sa *Somme théologique*, qui s'organise autour du thème central d'une harmonie entre la foi et la raison, est un des sommets de la pensée chrétienne.

1232
L'Inquisition. Le pape Grégoire X institue une juridiction ecclésiatique dans toute la chrétienté relativement aux crimes d'hérésie et d'apostasie, aux faits de sorcellerie et de magie.

1252

L'Inquisition utilise la torture.

1290

Édouard Ier expulse les Juifs du royaume d'Angleterre.

1306

Philippe IV le Bel expulse les Juifs de France.

De 1307 à 1312

Destruction de l'Ordre des Templiers.

1348 et 1349

L'épidémie de la peste noire renforce les persécutions dans le Sud-Est de la France. Les Juifs sont contraints à l'«aveu».

1378

Le Grand Schisme d'Occident commence. Les ambitions politiques des cardinaux provoquent une rupture entre, d'une part, la France, la Castille et le Portugal et, d'autre part, l'Angleterre, le Saint-Empire et la Flandre. Chaque parti a son pape qui excommunie son rival. Urbain VI est élu par les cardinaux pressés par la foule de Rome, qui ne veut pas d'un Français. Quatre mois plus tard, douze cardinaux s'enfuient, disant que l'élection n'était pas libre, et élisent Clément VII, un Français, comme pape à Avignon.

1384

Mort de John Wyclif (vers 1320-1384), théologien anglais précurseur de la Réforme et chef d'un mouvement hostile au pape. Il traduit la *Vulgate* (Bible de saint Jérôme) en anglais, envoie des laïcs et des prêtres évangéliser les masses (Lollards) et nie la transsubstantiation (transformation de l'eucharistie du pain et du vin en corps et en sang du Christ). Il met l'accent sur l'autorité exclusive de la Bible.

1394

Le 17 septembre 1394, le roi Charles VI expulse les Juifs de France.

1400

Lutte entre États indiens et musulmans. Nanak fonde le sikhisme.

1409

Les deux papes sont déposés par le concile de Pise, un troisième est élu, Alexandre V. Les deux autres papes refusent de le reconnaître. L'Église a trois papes.

De 1414 à 1418

Concile de Constance. Un des papes démissionne. Les deux autres papes sont déposés. Martin V est élu. Il sera reconnu par toute la chrétienté. Fin du Grand Schisme.

1415

Le réformateur tchèque, Jan Hus, disciple de Wyclif, est brûlé comme hérétique.

1453

Chute de Constantinople. Moscou est déclarée «Troisième Rome».

1478

L'Inquisition débute en Espagne.

De 1483 à 1546

Vie de Martin Luther, théologien allemand et initiateur de la Réforme protestante.

1484

La bulle papale *Summis desirantes* condamne la sorcellerie et la magie.

1488
Codification des mesures contre la sorcellerie.

1492
Sous la menace de l'inquisiteur général Torquemada, dominicain espagnol, les Juifs d'Espagne ont trois mois pour se convertir au catholicisme. Sinon, ils seront expulsés du pays.

1493
Le pape Alexandre VI fait cardinal son fils Cesar Borgia.

XVIᵉ siècle
Au cours de ce siècle, l'Église catholique traverse une grave crise; les abus dont se rendent coupables certains papes, la liberté de pensée et l'éveil de la pensée critique qui marquent la Renaissance, préparent la Réforme dont le promoteur sera Martin Luther.

1512
L'islam chiite devient religion d'État en Iran.

1515
Dans le décret *De impressione librorum*, le concile de Latran interdit l'impression d'ouvrages sans l'autorisation de l'Église catholique.

1516
Érasme (1467-1536) de Rotterdam publie, à Bâle, son Nouveau Testament grec, accompagné d'une traduction latine.

1517
Le 31 octobre, le moine Luther affiche, sur les portes de l'église de Wittenberg de Saxe, ses «95 thèses» condamnant certaines pratiques de l'Église dont la vente d'indulgences par le Vatican. C'est le début de la Réforme en Allemagne.

1520

Luther rompt avec Rome et brûle sur la place publique la bulle du pape l'excommuniant (*Exsurge Domine*). Le protestantisme se répand en Allemagne et dans les pays scandinaves (adopté en Suède en 1527, au Danemark en 1536). En Suisse, il est établi par Calvin, dont les adeptes français, les huguenots, seront en guerre avec les catholiques entre 1562 et 1598.

De 1521 à 1534

Luther traduit la Bible en allemand.

1522

Adrien d'Utrecht, régent d'Espagne, devient Adrien VI, le dernier pape non italien avant le pape polonais Jean-Paul II.

1526

Deuxième diète de Spire tenue par Charles Quint. Il accorde aux princes allemands la liberté de choisir la religion qui serait pratiquée sur leurs domaines. Trois ans plus tard, il veut revenir sur cette décision, ce qui entraîne la «protestation» de six princes et de quatorze villes, appelés pour cela «protestants».

1534

Henri VIII, désireux d'épouser Anne Boleyn, soustrait l'Église d'Angleterre à l'autorité du pape (en en devenant lui-même le chef) et fait annuler son mariage par l'archevêque de Canterbury.

Après l'*affaire des Placards* en France (déclarations contre la messe, affichées même sur la porte de la chambre du roi), François Iᵉʳ s'oppose à la Réforme. Calvin fuit la France.

Première visite de Jacques Cartier au Canada. Il est accompagné de marchands et de marins pour la plupart huguenots (protestants français).

1536

Premier séjour de Jean Calvin, réformateur français, à Genève, à la suite de l'invitation du réformateur Guillaume Farel.

Rédaction par Calvin de son *Institution de la religion chrétienne*, somme théologique du protestantisme français qui est publiée à Bâle, en Suisse.

1538
Avec Martin Bucer, Calvin organise à Strasbourg la première «Église» calviniste.

1540
Fondation de la Compagnie de Jésus (jésuites) par Ignace de Loyola (1491-1556). Elle deviendra l'un des instruments les plus efficaces de la Contre-Réforme, la lutte contre les protestants.

1543
L'index *Librorum Prohibitorum*, la liste des livres qu'un catholique ne doit pas lire, est publié par le pape Paul III.

De 1545 à 1563
Concile de Trente. Il a un double but: raffermir la foi et purifier les mœurs de la société chrétienne. Il définit les dogmes sur lesquels avait porté la contestation protestante, renforce la discipline dans l'Église catholique et organise la Contre-Réforme qui se traduira, jusqu'en 1648, par la reconquête de plusieurs régions converties au protestantisme: Bavière, Rhénanie, Silésie, Pologne.

1547
Mort d'Henri VIII d'Angleterre et début du règne de son fils Édouard VI. Ce dernier favorise la Réforme. En France, on crée une «chambre ardente» au Parlement de Paris pour juger les protestants.

1551
Henri II de France décrète la peine de mort pour toutes les personnes qui professent une autre religion que le catholicisme.

1555
Paix de religion d'Augsbourg en Allemagne: Charles Quint reconnaît l'existence du protestantisme allemand selon le principe des États (*cujus regio, ejus religio*: tel royaume, telle religion) selon lequel les sujets d'un territoire doivent adopter la confession de leur prince. Ce principe reconnaît la liberté du prince en matière religieuse.

1559
John Knox fonde, en Écosse, le presbytérianisme.

1572
Durant la nuit du 23 au 24 août, a lieu le massacre de la Saint-Barthélemy: l'amiral de Coligny, leader des huguenots de France, est tué de même que des milliers de protestants français.

Infiltration du presbytérianisme écossais qui devient le «puritanisme» anglais, car il prétend purifier l'Église anglicane des dernières traces de papisme.

De 1581 à 1660
Saint Vincent de Paul, dont la vie s'attache à un idéal de charité avec la fondation des Filles de la Charité, prouve que la Contre-Réforme n'est pas seulement une lutte contre le protestantisme.

1589
Établissement du patriarcat de Moscou.

1598
L'édit de Nantes proclame la religion catholique comme religion du roi et du royaume de France, mais les protestants ont la liberté de pratiquer leur religion.

1600
Pierre Chauvin, capitaine protestant, arrive à Tadoussac.

1604

Le sieur de Monts, un huguenot, arrive en Nouvelle-France avec 120 autres protestants. Le roi de France leur garantit qu'ils pourront conserver leur liberté religieuse.

1605

Deux prêtres catholiques arrivent en Acadie.

1615

Arrivée des missionnaires récollets à Tadoussac.

Première messe à Québec par le père Jamet.

Début de la construction de la première chapelle à Québec.

1618

Début de la guerre de Trente Ans, dernière tentative des catholiques pour éliminer la Réforme en Europe. Les catholiques sont vainqueurs au début, mais le vent tourne quand, en 1629, le roi Gustave Adolphe II de Suède intervient pour soutenir les protestants d'Allemagne.

Construction de la permière chapelle à Trois-Rivières.

1620

Exode des Pilgrim Fathers, puritains anglais, en Amérique. Ils fondent la première colonie de la Nouvelle-Angleterre.

1621

Guillaume et Émery de Caen (protestants) forment une compagnie et sont nommés surintendants de la colonie de Québec. Ils tiennent des services religieux protestants de 1621 à 1627.

Construction du couvent des Récollets à Québec.

1625

Arrivée des Jésuites au Québec.

1627

Les huguenots sont officiellement écartés de la future immigration vers la Nouvelle-France. Tout service religieux non catholique est interdit dans la colonie.

1633

Le tribunal de l'Inquisition condamne Galilée et le force à renoncer aux idées de Copernic (la Terre tourne autour du Soleil).

La première Église baptiste est formée à Southwark, dans un quartier de Londres.

1647

Premier tract des unitariens, membres d'un groupe religieux qui nie le dogme de la Trinité.

La liberté de conscience et de culte est assurée aux princes allemands qui conservent le pouvoir d'imposer au peuple leurs croyances et celui d'expulser de leurs États ceux et celles qui les refusent.

George Fox (1624-1691) fonde la Société religieuse des amis (quakers).

1649

Massacre de la nation huronne et des missionnaires jésuites par les Iroquois. Parmi eux, Jean de Brébeuf et Gabriel Lalemant.

1650

L'archevêque James Ussher écrit une chronologie érudite de la Bible. Selon ses calculs, la Terre fut créée à 9 heures le matin, un dimanche 23 octobre en l'an 4004 avant Jésus-Christ. Cette affirmation va être prise au sérieux durant 150 années!

1658
Premier miracle de sainte Anne (à Beaupré). Louis Guilmont est guéri d'un violent mal de rein en transportant des pierres pendant la construction de la première église.

Fondation de la Congrégation Notre-Dame à Montréal par Marguerite Bourgeoys.

1659
Arrivée à Québec de François de Montmorency de Laval à titre de vicaire apostolique.

1664
Création au Québec de la première paroisse, Notre-Dame de Québec.

Armand de Rancé fonde l'ordre des Trappistes à La Trappe, en Normandie.

1665
Fondation de la Confrérie de la Sainte-Famille par madame d'Ailleboust et monseigneur de Laval. L'épouse membre se propose d'avoir envers son mari respect, obéissance, douceur et patience.

1673
Le serment du *Test* oblige tous les fonctionnaires britanniques à nier la transsubstantiation et fait des catholiques du Royaume-Uni des parias frappés d'incapacité civile et politique.

1674
Création du diocèse de Québec.

1685
Louis XIV révoque l'édit de Nantes (1598). L'exercice public du culte protestant est interdit sous peine de prison et de confiscation. Des milliers de protestants français s'exilent.

1692
Chasse aux sorcières à Salem, petit village rural du Massachusetts. Les procès de sorcellerie sèment le trouble dans la population. En un an, 200 «sorcières» sont arrêtées et 20 sont exécutées. Une pièce de théâtre, signée Arthur Miller, a été écrite sur cette histoire: *Les sorcières de Salem* (1953).

XVIIIe siècle

XVIIIᵉ siècle
Trafic intense d'esclaves vers Saint-Domingue (ancien nom de l'île de Haïti). Début du vaudou avec l'arrivée des esclaves.

De 1703 à 1791
Vie de John Wesley, fondateur du méthodisme, une branche protestante en Angleterre.

1718
Construction des chapelles et du monastère des Ursulines, à Québec.

1722
Érection civile des paroisses au Québec.

1737
Marguerite d'Youville fonde la communauté des Sœurs Grises.

1744
John Wesley fonde l'Église méthodiste à Oxford, en Angleterre.

1750
Baal Shem Tov (1699-1760) fonde le mouvement juif des hassidim dans les montagnes des Carpates (Europe centrale).

1760
Un an après la chute de Québec, les Britanniques s'emparent de Montréal. La fin du régime français en Nouvelle-France marque aussi la fin de la persécution des huguenots. En septembre, la première congrégation presbytérienne s'organise autour

du révérend George Henry, à Québec. Le 14 septembre, le premier service anglican est célébré à Montréal par le révérend John Ogilvie.

1764
Les deux premières paroisses anglicanes se forment, à Montréal et à Québec.

1766
Mgr Briand est agréé comme évêque de Québec par Londres. L'Église anglicane cherche à convertir les Canadiens français.

1768
Des Sépharades créent la première synagogue à Montréal, la Shaar Hashomayim Synagogue.

1770
Le révérend David Delisle de l'Église réformée de Suisse devient le premier pasteur protestant francophone au Bas-Canada.

1774
La Russie devient la protectrice des orthodoxes de l'Empire ottoman.

1781
Joseph II accorde la liberté de religion et de presse en Allemagne. Sa politique anticléricale est restée célèbre sous le nom de *joséphisme*.

1782
Pie VI, en visite à Vienne, échoue dans sa tentative de forcer Joseph II à abandonner son programme de tolérance.

1786
Première congrégation presbytérienne au Québec avec le révérend John Bethune à Montréal, qui célèbre son premier service le 12 mars.

1791
Les esclaves d'Haïti se révoltent contre les Français.

1793
Nomination de Jacob Mountain, premier évêque anglican de Québec.

1794
Venus de Russie, les premiers missionnaires orthodoxes arrivent en Amérique du Nord.

De 1805 à 1844
Vie de Joseph Smith, fondateur des mormons.

1808
Napoléon abolit l'Inquisition en Espagne et en Italie.
Première chapelle de l'église méthodiste à Montréal.

1809
Construction d'une église presbytérienne à Québec.

1814
Le pape Pie VII revient à Rome et rétablit l'Inquisition.

1821
Le Nouveau Testament est traduit en russe.

1829
Émancipation des catholiques en Angleterre. Le serment du *Test* n'est plus obligatoire.

1830
Fondation de l'Église de Jésus-Christ des saints des derniers jours (mormons) par Joseph Smith et des amis, à Lafayette, dans l'État de New York. Elle regroupe alors six membres.

1832
Ouverture d'une chapelle baptiste à Montréal.

De 1834 à 1910
Arrivée de missionnaires protestants en vue de convertir les Canadiens français de Montréal.

1834
Fondation de la Société Saint-Jean-Baptiste à Montréal.

1836
Nomination du premier évêque anglican à Montréal, le 14 février.

Création du premier diocèse à Montréal.

1842
Retour des Jésuites à Montréal. Après la cession de la Nouvelle-France à l'Angleterre, les vainqueurs leur avaient défendu de faire tout recrutement et avaient spolié leurs propriétés, léguées au général Amherst. Le 31 mai 1842, neuf Jésuites français reprennent le travail apostolique de leurs prédécesseurs.

1844
Le prophète mormon Joseph Smith présente sa candidature à la présidence des États-Unis. Une émeute éclate. Son frère et lui sont arrêtés et tués par la populace dans leur prison.

1846 et 1847
Brigham Young conduit les mormons de Nauvoo City (Illinois) jusqu'au lac Salé, en Utah. Ils créent en plein désert la ville de Salt Lake City.

1854
Le pape Pie IX décrète le dogme de l'Immaculée Conception (la Vierge Marie a conçu Jésus sans acte sexuel, donc par l'action du Saint-Esprit).

1858

Apparition de la Vierge à Bernadette Soubirou, à Lourdes.

1863

Fondation du baha'isme par Baha'U'llah.

1864

L'encyclique *Syllabus Errorum* de Pie IX résume en quatre-vingts propositions les grandes erreurs de la société moderne: le libéralisme, le socialisme, le rationalisme, etc.

1865

William Booth fonde en Angleterre une mission chrétienne qui deviendra, en 1878, l'Armée du Salut.

1869

Début de l'affaire Guibord, membre de l'Institut canadien condamné par l'Église, à qui on refusait l'inhumation en terre catholique.

1870

Le concile de Vatican I proclame le dogme de l'infaillibilité du pape dans son enseignement.

1872

Fondation de l'Église des témoins de Jéhovah par C.T. Russell.

1875

Création de la Société de théosophie pour étudier les phénomènes occultes. Parmi les premiers membres, l'inventeur Thomas Edison.

1885

Les mormons se divisent entre sectes monogames et polygames.

1886
Nomination du premier cardinal de la ville de Québec, Mgr E.-A. Taschereau.

1892
Arrivée des Trappistes à Mistassini.

1894
L'encyclique du patriarche Anthyme dénonce les dogmes récents de l'infaillibilité papale et de l'Immaculée Conception.

1900
On compte sept Églises protestantes françaises à Montréal et plus d'une cinquantaine d'églises anglophones.

1903
Au Canada, 7000 doukhobors arrivés quatre ans plus tôt de Russie font les manchettes en paradant nus dans les rues afin de réclamer le droit à la libre pratique de leur foi. Cette manifestation sans précédent sera suivie de nombreuses autres au fil des ans.

1906
Naissance des Églises dites pentecôtistes aux États-Unis.

1907
Fondation de *L'Action catholique* (premier quotidien catholique) par les abbés Roy et Lortie, Adjutor Rivard et le docteur Jules Dorion.

1910
Congrès eucharistique de Montréal.

1917
Premiers pèlerinages du frère André sur le mont Royal qui devaient, une vingtaine d'années plus tard, mener à la construction de l'oratoire Saint-Joseph.

Constance Coltman devient la première femme pasteur de l'Église congrégationaliste de Grande-Bretagne.

Première apparition de la Vierge Marie à Fatima (13 mai).

1919
Début de l'œuvre pentecôtiste parmi les Canadiens français.

De 1922 à 1939
Pontificat de Pie XI.

1925
Naissance d'une nouvelle dénomination, l'Église Unie du Canada. L'Église presbytérienne Saint-Jean, la plus ancienne Église protestante française de Montréal (qui existe encore aujourd'hui), se rattache à cette nouvelle famille d'Églises.

1929
Accords de Latran entre Mussolini et le pape constituant l'État de la cité du Vatican.

1930
En Jamaïque, le rastafarisme prêche le retour des Noirs en Éthiopie.

1935
Débuts de la Jeunesse étudiante catholique (J.E.C.) qui comptera bientôt plus de 1100 sections, plus de 16 000 chefs et qui exercera une influence sur des dizaines d'associations de jeunes: scouts, croisés, L.O.C., J.O.C., J.A.C., J.I.C., tiers-ordre, enfants-de-Marie, etc.

1939
Fondation de l'institut Pie XI par l'abbé Jean-Baptiste Desrosiers pour faire valoir la doctrine sociale de l'Église.

De 1939 à 1958
Pontificat de Pie XII.

1944
Florence Tim Oi Li, de Hong-Kong, est la première femme ordonnée prêtre anglicane. Sous la pression de l'archevêque de Canterbury, elle sera forcée de démissionner.

1948
L'Église épiscopalienne méthodiste africaine (États-Unis) se prononce en faveur de l'ordination des femmes.

De 1949 à 1954
Expérience des prêtres-ouvriers: leur mission consiste en une évangélisation dans le cadre du travail et non pas de la paroisse.

1950
Démission de Mgr Joseph Charbonneau, archevêque de Montréal, à la suite de son assistance aux grévistes de l'amiante.

Encyclique *Humani generis*.

1954
Pie XII met fin à l'expérience des prêtres-ouvriers. Décision prise en dépit des démarches de l'épiscopat français, pour qui l'expérience correspondait à une nécessité pastorale. Pie XII craignait que les prêtres-ouvriers se convertissent au marxisme.

1956
Les plus importantes dénominations méthodistes et presbytériennes des États-Unis votent en faveur de l'accès des femmes au clergé.

1958
L'Église luthérienne de Suède accueille des femmes pasteurs en son sein.

De 1962 à 1965
Le concile Vatican II, qui réunit 2000 évêques, tente de propulser l'Église dans le XXᵉ siècle en donnant une interprétation plus vaste et plus libérale de la Bible et en se prononçant plus ouvertement sur des questions comme la guerre, l'homosexualité, la paix, l'injustice et le contrôle des naissances.

De 1963 à 1978
Pontificat de Paul VI.

1964
Le 6 janvier: baiser de la paix du patriarche de Constantinople Athênagoras et de Paul VI à Jérusalem.

Le 21 novembre: décret *Unitatis redintegratio*.

1965
Le 7 décembre, levée mutuelle, par Rome et Constantinople, des excommunications qui avaient marqué le début du Grand Schisme entre l'Église d'Orient et l'Église d'Occident (1054).

1966
Les évêques catholiques décrètent que les catholiques américains n'ont plus à se priver de viande le vendredi, à l'exception du carême.

1968
La Conférence mondiale des évêques anglicans déclare «non concluants» les arguments contre l'accession des femmes au clergé.

1970
Les premières femmes pasteurs sont nommées dans les Églises luthériennes américaines.

Le pape Paul VI déclare le célibat des prêtres comme principe fondamental de l'Église catholique romaine.

1974
Les représentantes des congrégations de religieuses catholiques des États-Unis réclament l'accession des femmes au titre de prêtre.

Des ordinations «irrégulières» de femmes au sein de l'Église épiscopalienne des États-Unis provoquent une échauffourée.

1975
L'Église anglicane du Canada se prononce en faveur de l'ordination des femmes.

1976
L'Église épiscopalienne des États-Unis approuve l'ordination des femmes. Quelque 1200 femmes ont été ordonnées depuis aux États-Unis.

Au Vatican, l'Office de la doctrine officielle de l'Église (le Sacré-Collège) rédige un décret qui insiste sur la tradition voulant que les prêtres soient des hommes.

L'Église anglicane du Canada ordonne six femmes prêtres.

L'archevêque Marcel Lefebvre est suspendu par Paul VI pour avoir rejeté la réforme proposée par Vatican II sur le déroulement des messes. Mgr Lefebvre continue néanmoins à célébrer la messe en latin et nomme treize diacres à son séminaire d'Écone, en Suisse.

1978
Paul VI meurt. Son successeur, le cardinal Albino Luciani dit Jean-Paul Ier, meurt. Lui succède le cardinal Karol Wojtyla, qui prend le nom de Jean-Paul II. Il est le premier non-Italien à être élu pape en 456 ans et le premier prélat polonais de l'histoire.

Le 19 novembre, 914 membres de la secte Temple du Peuple se donnent la mort en absorbant une boisson au cyanure ou sont abattus par d'autres membres de la secte, à Jonestown, à la Guyana, sur ordre de leur gourou James Jones. Le fondateur de la secte a été retrouvé avec une balle dans la tête.

1980

L'Américaine Marjorie Matthews devient la première femme à accéder au poste d'évêque méthodiste.

Béatification de Marie Guyart (mère Marie de l'Incarnation) à Rome, le 22 juin.

1982

Béatification d'Eulalie Durocher (sœur Marie-Rose) à Rome, le 20 mai.

1985

Le 13 mai, onze personnes meurent dans l'attaque à la grenade menée par la police de Philadelphie (Pennsylvanie) contre la maison du groupement antitechnologique Move après une journée d'affrontements.

Le 19 septembre, quelque soixante membres de la tribu Ata de l'île de Mandanao, aux Philippines, se seraient suicidés en absorbant du poison sur ordre de leur grand prêtre, Datu Mangayanon, «pour qu'ils puissent voir l'image de Dieu».

1986

Jean-Paul II réunit à Assise les grands chefs religieux de la paix.

1987

Au mois d'août, en Corée, trente-deux disciples de la secte de la «prêtresse» Park Soon-Ja, qui prétendait être une déesse, sont retrouvés morts à Yongin, près de Séoul. Selon la police, la plupart des disciples qui avaient absorbé une dose mortelle de poison ont été retrouvés égorgés.

1988

Excommunication de Mgr Lefebvre. Cet évêque traditionaliste, en conflit depuis une vingtaine d'années avec le Saint-Siège, avait ordonné lui-même quatre «évêques».

1989

Barbara Harris, de Boston, est intronisée comme première femme évêque dans l'histoire de l'anglicanisme.

1991

En Nouvelle-Zélande, Penny Jamieson devient la première évêque à être nommée à la tête d'un diocèse anglican.

1992

Chez les luthériens, Maria Jopsen (le 30 août, en Allemagne) et April Larson (le 11 octobre, aux États-Unis) deviennent les premières femmes à accéder au poste d'évêque.

Le 11 novembre, l'Église d'Angleterre (anglicane) se prononce en faveur de l'ordination des femmes.

1993

Le 19 avril, une cinquantaine de jours après avoir donné un premier assaut à la ferme des «Davidiens» de Waco, au Texas, la police récidive pour tenter de déloger les membres de la secte retranchés dans leur forteresse. L'incendie allumé au cours de l'assaut par les membres de la secte a rasé complètement les bâtiments d'où ont été retirés plus de quatre-vingts corps calcinés, incluant celui du gourou David Koresh.

1994

Le 4 octobre, cinquante-trois membres de la secte de l'Ordre du Temple Solaire (OTS) meurent dans un suicide collectif en Suisse. Quatre Québécois, membres de l'OTS, se trouvent parmi les victimes. Le gourou de la secte, Luc Jouret, et le grand argentier, Joseph Di Mambro, font aussi partie des victimes. Au Québec, cinq personnes meurent le même jour dans l'incendie d'une maison de la secte à Morin-Heights.

Le 11 novembre, le pape Jean-Paul II et le patriarche iraquien Mar Dinkha IV, patriarche de l'Église assyrienne de l'Orient, signent une «déclaration christologique commune» qui met fin aux controverses du passé liées à l'hérésie de Nestorius. Le nestorianisme avait été condamné par le concile d'Éphèse (431). Nestorius voyait dans Jésus un être double, à la fois homme et Dieu.

1995
Le pape Jean-Paul II refuse le sacerdoce des femmes.

CURIOSITÉS

- Le lieu de culte le plus ancien semble être une caverne du Sud de l'Espagne, aux parois ornées de gravures datant d'environ 12 000 ans av. J.-C.

- La plus grande église du monde: la basilique Saint-Pierre de Rome. Sa superficie intérieure est de 15 142 mètres carrés.

- La plus grande cathédrale du monde: la cathédrale de St. John the Divine, à New York. Sa superficie au sol est de 11 242 mètres carrés. Son édification a débuté en 1892 et elle n'est pas encore terminée!

- Le Dôme du Rocher (mosquée d'Omar), à Jérusalem, est un des rares lieux de pèlerinage dans le monde qui soit consacré à trois religions: christianisme, judaïsme, islam. Pour les juifs, le rocher sous le Dôme marque l'endroit où Abraham se prépara à offrir son fils Isaac en sacrifice. Plus tard, Salomon y construisit son temple. Les chrétiens croient que le Christ y a prêché. Pour les musulmans, c'est la terre sacrée d'où Mahomet s'est élevé dans le ciel à partir du rocher situé sur le mont Moriah.

- L'erreur de la prophétesse Nongqawuse: en 1857, Nongqawuse, née d'une tribu Xhosans d'Afrique du Sud, eut une révélation à l'âge de quatorze ans. Elle vit les visages des anciens chefs morts la regardant de la surface de la rivière Gxara. «Les morts peuvent revenir, dit-elle aux siens, si la tribu détruit le bétail avant le 18 février.» Les Xhosans l'ont crue. Après la boucherie, alors que les ancêtres ne s'étaient pas manifestés, les hommes ont réalisé trop tard que la jeune fille avait fait une erreur. La tribu est morte de faim.

Conclusion

Même si notre société est devenue laïque, même si la fréquentation des églises, des temples et des synagogues est en baisse, la religion fait encore partie de nos vies et représente toujours un élément essentiel de notre héritage culturel. De plus, le paysage religieux au Québec s'est grandement transformé depuis quelques décennies avec l'arrivée d'immigrants provenant des quatre coins de la planète. Aujourd'hui, les grandes religions du monde et quelque 800 mouvements religieux se partagent la ferveur des Québécois et des Québécoises.

Nous espérons que ce livre a donné aux lecteurs et aux lectrices curieux quelques clés pour mieux comprendre les fondements des principales religions dans le monde, d'en saisir les différences mais aussi les ressemblances.

Principaux
ouvrages consultés

BAUBÉROT, Jean. *Histoire du protestantisme*, Paris, Presses universitaires de France, 1987.

BONNEFOY, Yves. *Dictionnaire des mythologies et des religions des sociétés traditionnelles et du monde antique*, Paris, Flammarion, 1981, 2 tomes.

BOUYER, Louis. *Paroles, Église et Sacrements dans le Protestantisme et le Catholicisme*, Paris, Desclée, 1991.

Catéchisme de l'Église catholique, Conférence des Évêques catholiques du Canada, Ottawa, 1992.

CLÉVENOT, Michel (dir.). *L'état des religions dans le monde*, Paris, La Découverte/Le Cerf, 1987.

De FOVILLE, Jean-Marc. *Les religions*, Paris, Hachette, 1996.

ÉLIADE, Mircea. *Le dictionnaire des religions*, Paris, Presses Pocket, 1992.

ÉLIADE, Mircea. *Traité d'histoire des religions*, Paris, Payot, 1989.

GRIGORIEFF, Vladimir. *Religions du monde entier*, Alleur, Belgique, Marabout, 1989.

Le grand atlas des religions, Paris, Encyclopaedia Universalis France s.a., 1988.

Les religions au Canada, Statistique Canada, recensement de 1991, cat. 93-319, juin 1993.

MALHERBE, Michel. *Les religions de l'humanité*, Paris, Critérion, 1990.

MATRAN, Robert (dir.). *Les grandes dates de l'Islam*, Paris, Larousse, 1990.

POUPART, Paul (dir.). *Dictionnaire des religions*, Paris, P.U.F., 1984.

Profils des principaux groupes religieux du Québec, Québec, Les Publications du Québec, 1995.

SCHMIDT, Joël. *Dictionnaire de la mythologie grecque et romaine*, Paris, Larousse, 1991.

SONDAG, Antoine. *La géographie des catholiques*, Paris, Centurion, 1991.

Théo. Nouvelle encyclopédie catholique, Paris, Droguet-Ardant/ Fayard, 1989.

VALLET, Odon. *Les religions dans le monde*, Paris, Flammarion, 1995.